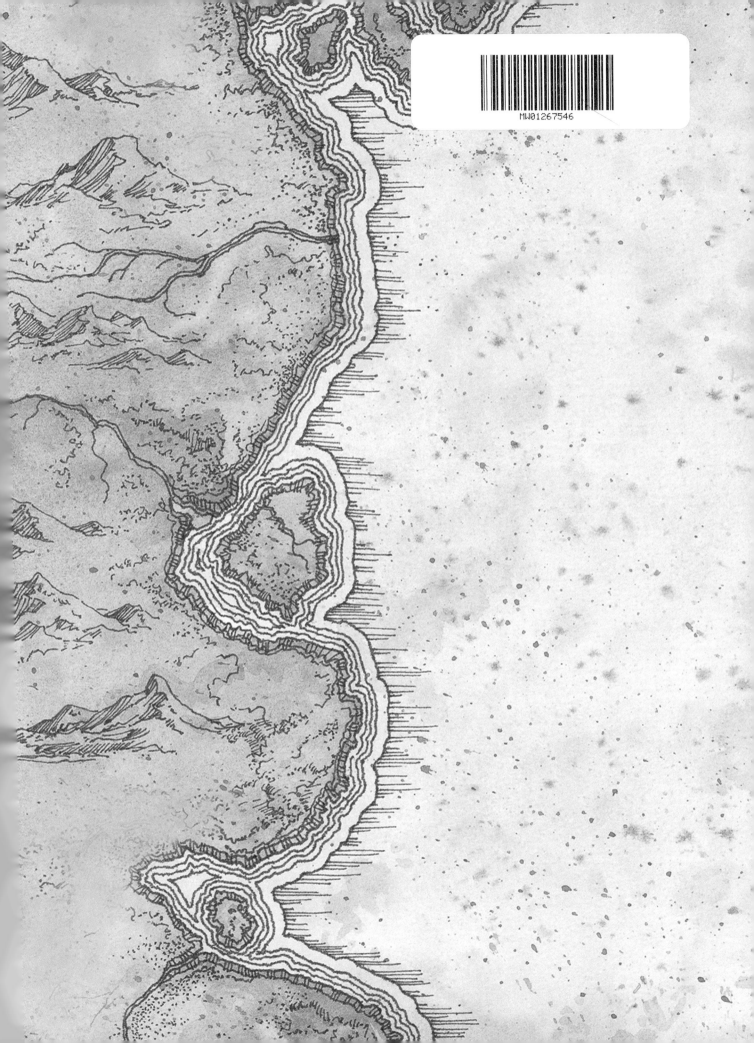

Conociendo nuevos amigos

Autores de la serie
Dr. Richard G. Boehm
Claudia Hoone
Dr. Thomas M. McGowan
Dra. Mabel C. McKinney-Browning
Dra. Ofelia B. Miramontes

Consultores de los grados primarios
Carol Hamilton Cobb
Janet J. Eubank
Billie M. Kapp

Consultores de la serie
Dra. Alma Flor Ada
Dr. Phillip Bacon
Dr. W. Dorsey Hammond
Dr. Asa Grant Hilliard, III
Dr. Juan Solis

HARCOURT BRACE & COMPANY

Orlando Atlanta Austin Boston San Francisco Chicago Dallas
New York Toronto London

AUTORES DE LA SERIE

Dr. Richard G. Boehm
Profesor
Departamento de Geografía y
Planeación
Universidad del Suroeste del Estado
de Texas
San Marcos, Texas

Claudia Hoone
Maestra
Escuela Ralph Waldo Emerson # 58
Indianapolis, Indiana

Dr. Thomas M. McGowan
Profesor Asociado
División de Currículo y Enseñanza
Universidad del Estado de Arizona
Tempe, Arizona

Dra. Mabel C. McKinney-Browning
Directora
División para la Educación Pública
Colegio de Abogados Americano
Chicago, Illinois

Dra. Ofelia B. Miramontes
Profesora Asociada
Escuela de Educación
Universidad de Colorado
Boulder, Colorado

CONSULTORES DE LA SERIE

Dra. Alma Flor Ada
Profesora
Escuela de Educación
Universidad de San Francisco
San Francisco, California

Dr. Phillip Bacon
Profesor Emérito de Geografía
y Antropología
Universidad de Houston
Houston, Texas

Dr. W. Dorsey Hammond
Profesor de Educación
Universidad de Oakland
Rochester, Michigan

Dr. Asa Grant Hilliard, III
Profesor de Educación Urbana
Fuller E. Callaway
Universidad del Estado de Georgia
Atlanta, Georgia

Dr. Juan Solis
Profesor asociado de Lectura
y Lenguaje
Universidad Pan Americana de Texas
Edinburg, Texas

ESPECIALISTAS EN COMUNICACIÓN Y LITERATURA

Dr. Joseph A. Braun, Jr.
Profesor de Estudios Sociales
de primaria
Departamento de Currículo y
enseñanza
Universidad del Estado de Illinois
Normal, Illinois

Meridith McGowan
Bibliotecaria de jóvenes
Biblioteca Pública de Tempe
Tempe, Arizona

CONSULTORES Y REVISORES DE NIVEL DE GRADO

Esther Booth-Cross
Coordinadora General Escolar
Escuela Primaria Bond
Chicago, Illinois

Carol Hamilton Cobb
Maestra
Escuela Gateway
Escuelas Públicas Metropolitanas de
Nashville
Madison, Tennessee

Nodjie Conner
Maestra
Escuela Primaria Old Richmond
Tobaccoville, North Carolina

Janet J. Eubank
Especialista en Currículo
de Artes del Lenguaje
Escuelas Públicas de Wichita
Wichita, Kansas

Marcia Figueroa-Stewart
Maestra
Escuela Primaria John R. Davis
Phoenix, Arizona

Mary Fran Goetz
Maestra
Notre Dame de Sion
Kansas City, Missouri

Billie M. Kapp
Maestra
Escuela Primaria Coventry
Coventry, Connecticut

Mickey McConnell
Maestro
Escuela Primaria Central Heights
Blountsville, Tennessee

Gwen Mitsui
Maestra
Escuela Primaria Solomon
Wahiawa, Hawaii

Naomi Orozco-Clements
Asistente del Director
Escuela Primaria de South Houston
Pasadena, Texas

Wanda Joyce Owen
Maestra
Escuela Primaria Sallie Curtis
Beaumont, Texas

Ronald R. Paul
Director del Currículo, Retirado
Distrito Escolar de Mehlville
St. Louis, Missouri

J. Mark Stewart
Supervisor de Estudios Sociales
Escuelas Públicas de Columbus
Columbus, Ohio

Angie G. Trevino
Asistente Principal
Escuelas Primarias de Longoria
Pharr, Texas

Kathy Tubb
Maestra
Escuela Primaria South
Levelland, Texas

Printed in the United States of America

ISBN 0-15-306540-0

1 2 3 4 5 6 7 8 9 10   032   99 98 97 96

CONTENIDO

UNIDAD 1 · Pertenecemos a muchos grupos · 1

iv

UNIDAD 3 · La gente hace la historia · 74

PARA TU INFORMACIÓN

Literatura y fuentes principales

Destrezas

Secciones especiales

Mapas

Gráficas, diagramas, tablas y líneas de tiempo

ATLAS

Geo Georgina quiere invitarte a visitar nuevos lugares este año. Los mapas en este libro te ayudarán a saber dónde estás. Cuando veas a Geo Georgina, detente y aprende a usar los mapas.

Regresa a este Atlas mientras viajas por los Relatos de la historia.

AMÉRICA
DEL NORTE

ESTADOS UNIDOS

OCÉANO
PACÍFICO

OCÉANO
ATLÁNTICO

Ecuador

AMÉRICA
DEL SUR

OCÉANO
PACÍFICO

Leyenda

Frontera nacional

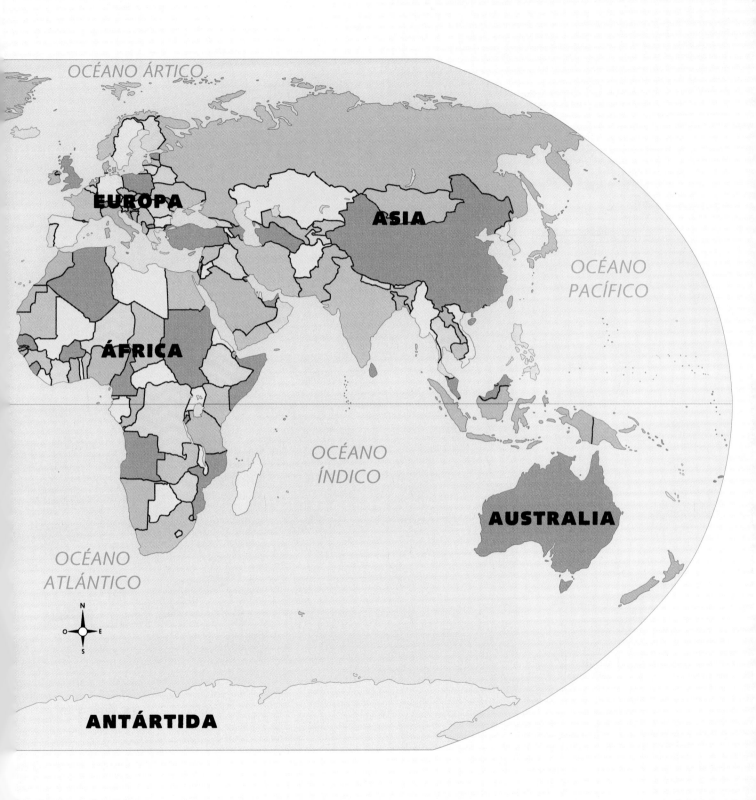

OCÉANO ÁRTICO

EUROPA

ASIA

OCÉANO
PACÍFICO

ÁFRICA

OCÉANO
ÍNDICO

OCÉANO
ATLÁNTICO

AUSTRALIA

ANTÁRTIDA

RUSIA

OCÉANO ÁRTICO

Alaska
(AK)

CANADÁ

Mar de
Bering

Juneau★

OCÉANO PACÍFICO

CANADÁ

Washington
(WA)

Olympia

★Salem

Oregon
(OR)

Helena★

Montana
(MT)

Boise

Idaho
(ID)

Wyoming
(WY)

Cheyer

OCÉANO
PACÍFICO

Sacramento★

★Carson City

Nevada
(NV)

California
(CA)

Gran
Lago
Salado

★Salt Lake City

Utah
(UT)

Denv

Colorado
(CO)

Santa Fe
★

Arizona
(AZ)

★Phoenix

New
Mexico
(NM)

Honolulu★ Hawaii
(HI)

OCÉANO
PACÍFICO

MÉXICO

N
O   E
S

CANADÁ

North Dakota (ND)
★ Bismarck

Minnesota (MN)
St. Paul ★

South Dakota (SD)
★ Pierre

Nebraska (NE)
Lincoln ★

Kansas (KS)
Topeka ★

Oklahoma (OK)
Oklahoma City ★

Texas (TX)
Austin ★

Lago Superior

Wisconsin (WI)
Madison ★

Michigan (MI)
Lansing ★

Lago Michigan

Lago Huron

Lago Ontario

Lago Erie

Iowa (IA)
★ Des Moines

Illinois (IL)
Springfield ★

Indiana (IN)
Indianapolis ★

Ohio (OH)
Columbus ★

Missouri (MO)
Jefferson City ★

Kentucky (KY)
Frankfort ★

West Virginia (WV)
Charleston ★

Pennsylvania (PA)
Harrisburg ★

Virginia (VA)
Richmond ★

Maine (ME)
Augusta ★

Vermont (VT)
Montpelier ★

New Hampshire (NH)
Concord ★

Massachusetts (MA)
Boston ★
Providence ★

Rhode Island (RI)

Connecticut (CT)
Hartford ★

New York (NY)
Albany ★

Trenton ★
New Jersey (NJ)

Dover ★
Delaware (DE)

Annapolis ★
Washington, D.C. ⊛
Maryland (MD)

Arkansas (AR)
Little Rock ★

Tennessee (TN)
Nashville ★

North Carolina (NC)
Raleigh ★

South Carolina (SC)
Columbia ★

Mississippi (MS)
Jackson ★

Alabama (AL)
Montgomery ★

Georgia (GA)
Atlanta ★

Louisiana (LA)
Baton Rouge ★

Tallahassee ★

Florida (FL)

OCÉANO ATLÁNTICO

BAHAMAS

Golfo de México

CUBA

Groenlandia
(DINAMARCA)

Alaska
**(ESTADOS
UNIDOS)**

CANADÁ

*OCÉANO
PACÍFICO*

ESTADOS UNIDOS

*OCÉANO
ATLÁNTICO*

Hawaii
**(ESTADOS
UNIDOS)**

MÉXICO

BAHAMAS
**REPÚBLICA
DOMINICANA**

CUBA

Puerto Rico
(ESTADOS UNIDOS)

JAMAICA
BELICE
HONDURAS
HAITÍ
GUATEMALA
EL SALVADOR
NICARAGUA
COSTA RICA
PANAMÁ

TRINIDAD Y TOBAGO
VENEZUELA
GUYANA
SURINAM
COLOMBIA
Guayana Francesa
(FRANCIA)

Ecuador

ECUADOR

*Islas
Galápagos*
(ECUADOR)

BRASIL

PERÚ

BOLIVIA

*OCÉANO
PACÍFICO*

PARAGUAY

CHILE

URUGUAY

ARGENTINA

*OCÉANO
ATLÁNTICO*

N
O · E
S

*Islas
Falkland*
**(REINO
UNIDO)**

*Georgia
del Sur*
**(REINO
UNIDO)**

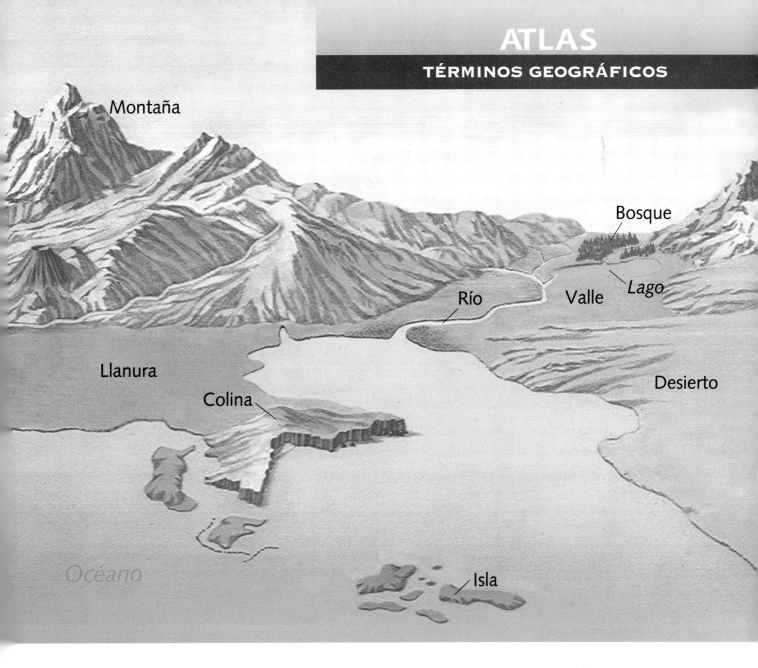

Montaña

Bosque

Lago

Río   Valle

Llanura

Desierto

Colina

Océano

Isla

bosque extensión grande de tierra donde crecen muchos árboles

colina tierra que se eleva más alto que la demás tierra alrededor

desierto tierra árida con pocas plantas

isla tierra rodeada de agua

lago extensión de agua rodeado de tierra

llano tierra plana

montaña el tipo más alto de tierra

océano extensión de agua salada que cubre un gran área

río gran corriente de agua que fluye por la tierra

valle tierras bajas entre las colinas o montañas

Pertenecemos a muchos groupos

VOCABULARIO

grupo

leyes

comunidad

mapa

bienes

servicios

1

"Canta una canción sobre las personas"

por Lois Lenski

Canta una canción sobre
las personas que rápido o
despacio salen a caminar,
en la ciudad sin más;
van y vienen sin parar.

Personas en las aceras,
personas en el autobús;
pasan y pasan las personas,
por delante y por detrás.
Personas en el metro debajo
de las calles; taxis siempre
llenos trabajan con esmero.

2

Personas con sus sombreros, llegan a las oficinas, con sus paraguas para protegerse de los aguaceros. Personas en los edificios altos y en las tiendas de los pisos bajos; suben y bajan por los elevadores para hacer sus labores.

Personas que caminan solas, otras con la multitud; personas sin hablar, y otras que lo hacen sin parar. Personas que ríen y sonríen, otras no se dejan de quejar; personas que siempre andan de prisa, ¡y no se fijan en tu sonrisa!

Canta una canción sobre las personas que viven en tu comunidad; canta sobre las personas de la ciudad, unas que siempre ves y otras que nunca conocerás.

3

LECCIÓN

Aprender juntos en la escuela ← **1. título**

2. historia → Vamos a tener visitas en nuestro salón de clases. Queremos enseñarles lo que hacemos. Primero, nuestra maestra, la Sra. Warren, nos ayuda a hacer un plan. Para algunas tareas trabajaremos solos. Otras las haremos en **grupo**.

3. foto

4. palabra nueva

dos | tres | cuatro | | seis | siete | ocho | nueve | diez | once |

zebra

Giraffes

elephants

tarjetas con nombres - Todos
calendario   - judy
mural
limpiar

4

Hacemos tarjetas con nuestros nombres para nuestros escritorios. Nuestro maestro de arte nos ayuda.

Judy indica en el calendario las actividades de nuestra clase. Ella marcó nuestra reunión de bienvenida para el 30 de septiembre.

Mi grupo está haciendo un mural para colgar en la pared. Queremos mostrar lo que aprendemos en la escuela.

5. idea principal ➤

Todos en mi grupo tienen una tarea especial que hacer. Juan es el líder. Un **líder** se encarga de que todos en el grupo sigan las reglas. Las

6. detalle ➤

reglas nos ayudan a escuchar, compartir y trabajar juntos cortésmente.

6

Sandy y yo hacemos una lista de las escenas que queremos mostrar en el mural. Después el resto de nuestro grupo nos ayuda a dibujar y a pintar el mural. Finalmente, entre todos limpiamos el salón y disfrutamos el trabajo.

Rincón de la lectura

Matemáticas

Makes "Cents"

apples

Bread

Trabajo de Jorge

Ciencias

¿Cómo aprenden juntos en el salón de clases?

Vivir en casa y en el barrio

Tú formas parte de otros grupos, tales como tu familia y tu barrio. Un **barrio** es un lugar donde viven las personas. Lisa está haciendo un modelo de su barrio. Lee lo que dice sobre su casa y sus vecinos.

Mi familia trabaja junta para satisfacer nuestras **necesidades**. Necesitamos comida y ropa y un lugar seguro para vivir. Mi abuela trabaja en el mercado del barrio. Papá construye edificios. Ellos ganan dinero para pagar las cosas que necesitamos.

Todos trabajamos para hacer de nuestro hogar un lugar agradable para vivir. Mi hermana y yo ayudamos. Linsey ayuda a cocinar las comidas y a hacer las camas. Yo paseo al perro y saco la basura. Nos turnamos para regar las plantas.

9

Las personas en un barrio también se ayudan unas a otras. Nuestra vecina la Srta. Lee me da clases de piano. Yo le doy de comer a su gato cuando ella visita a su hija.

Nuestro vecino de al lado es un bombero. Él ayuda a salvar vidas y casas en nuestro barrio. Otras personas trabajan como policías para ayudar a mantener nuestro barrio seguro.

Muchos lugares en el barrio nos ayudan a satisfacer nuestras necesidades. Tenemos una tienda de comida y una gasolinera. Algunas veces comemos en el restaurante.

Mi barrio forma parte de una comunidad. Una **comunidad** es un lugar donde las personas viven, trabajan, juegan y se ayudan unos a otros.

¿En qué se parece tu barrio al barrio de Lisa?

DESTREZAS
Cómo

Aprender de un dibujo y de un mapa

Nosotros podemos aprender sobre un barrio al mirar una fotografía.

1. Mira esta foto. Di lo que ves.

2. Piensa en cómo se tomó la foto. ¿Crees que puedes ver más desde arriba que desde la tierra?

3. Un **mapa** es un dibujo que muestra cómo se ve un lugar desde arriba. ¿En qué se parecen la foto y el mapa?

4. ¿Qué cosas ves en la foto que no están en el mapa?

Piensa y practica

Haz una lista de los lugares que ves en la foto y el mapa.

13

En y alrededor de la ciudad

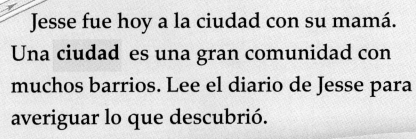

LECCIÓN

Jesse fue hoy a la ciudad con su mamá. Una **ciudad** es una gran comunidad con muchos barrios. Lee el diario de Jesse para averiguar lo que descubrió.

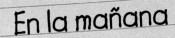

En la mañana

Hora de ir a la ciudad. Me abroché el cinturón de seguridad.

Hay muchos coches, camiones y autobuses en la autopista. Me pregunto a dónde irán.

14

¡No puedo creer que tantas personas trabajen en la ciudad! Algunas trabajan en pequeñas tiendas y almacenes. Otras trabajan en rascacielos gigantes.

El tráfico avanza lentamente. Veo un oficial de policía. Los policías se encargan de que las personas sigan las leyes. Las leyes son reglas para la comunidad. Me da gusto que el oficial esté aquí.

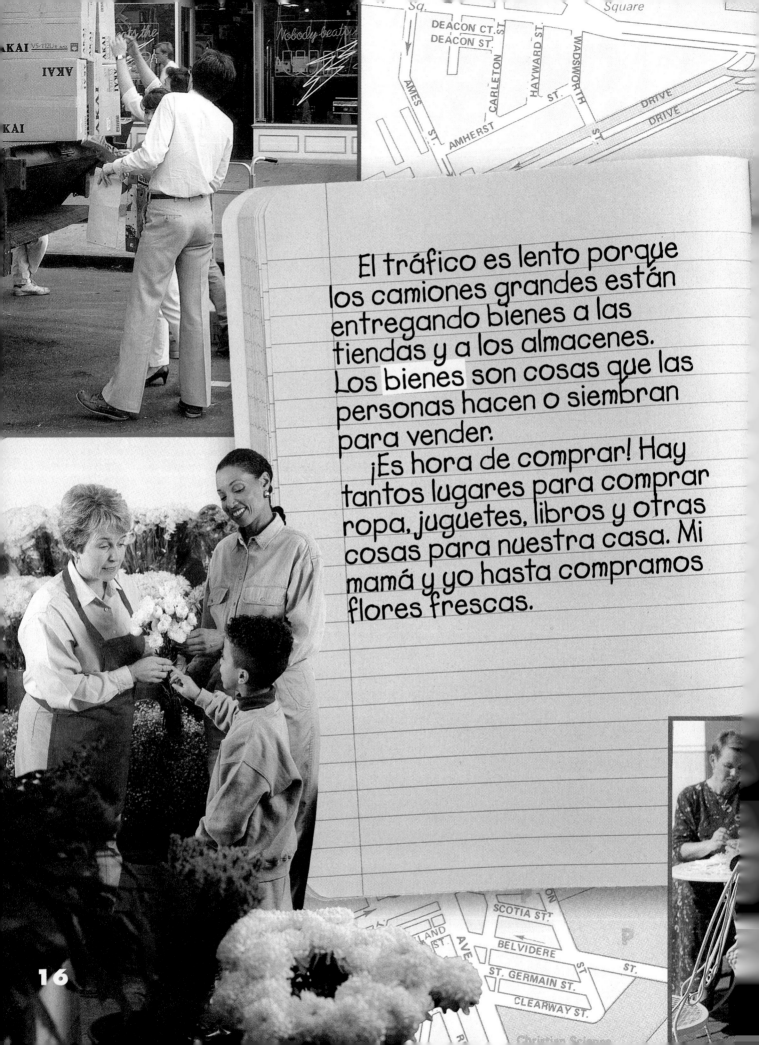

El tráfico es lento porque los camiones grandes están entregando bienes a las tiendas y a los almacenes. Los bienes son cosas que las personas hacen o siembran para vender.

¡Es hora de comprar! Hay tantos lugares para comprar ropa, juguetes, libros y otras cosas para nuestra casa. Mi mamá y yo hasta compramos flores frescas.

En la tarde

Después de comer, Mamá y yo visitamos el Museo de Computadoras. Un guía nos habla sobre un gran mapa de computadora. Un guía da un servicio. Los servicios son trabajos que hacen las personas para los demás. Aprendí mucho de nuestro guía.

Mamá y yo visitamos a la tía Leanne para merendar. Hablamos de lo bien que la pasamos en la ciudad activa. ¡No puedo esperar hasta mi próxima visita!

✔

¿Qué te gustaría hacer en la ciudad?

17

DESTREZAS

Cómo

Leer la clave del mapa

¿Cómo crees que Jesse y su mamá sabían dónde ir en la ciudad? Quizá vieron un mapa. Los mapas te ayudan a encontrar lugares. La **clave del mapa** te muestra cómo leer un mapa.

1. ¿Cuál es el título de este mapa?

2. Los **símbolos** son dibujos que representan cosas en un mapa. ¿Qué símbolos se muestran en esta clave del mapa?

3. Encuentra el símbolo del Museo de Computadoras. ¿En qué calle se encuentra el museo?

4. ¿Qué hay entre la calle Bromfield y la calle Winter cerca de Boston Common?

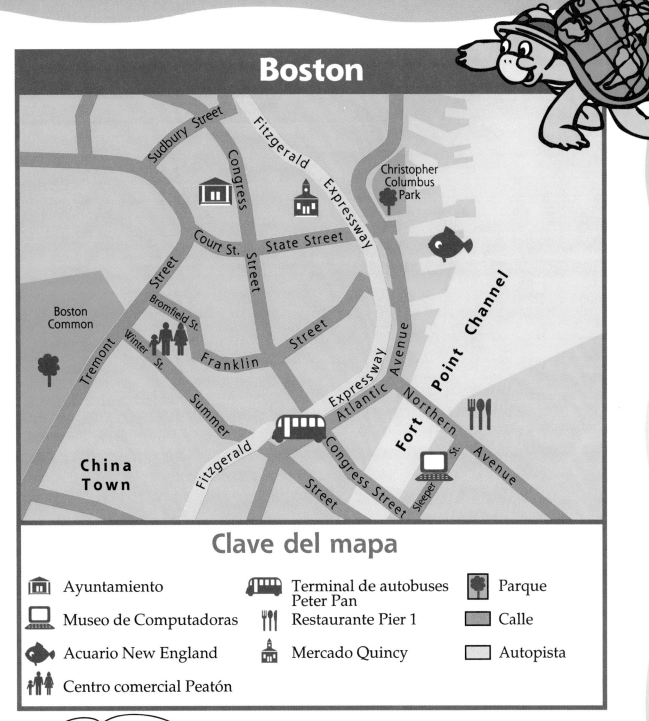

Boston

Clave del mapa

🏛 Ayuntamiento

💻 Museo de Computadoras

🐟 Acuario New England

👪 Centro comercial Peatón

🚌 Terminal de autobuses Peter Pan

🍴 Restaurante Pier 1

🏛 Mercado Quincy

🌳 Parque

▨ Calle

☐ Autopista

Piensa y practica

Encuentra el Ayuntamiento. ¿Cómo llegas del Ayuntamiento al Parque Cristopher Columbus? Nombra algunas cosas que pases en el camino.

Lluvia de ideas

¿Cómo puedes hacer del parque un lugar que todos puedan disfrutar?

• •

Trabaja con algunos amigos. Piensa en cómo se puede usar un parque.

- ¿Qué necesidades especiales tiene cada persona?
- ¿Qué problemas necesitan resolverse?

Muestra tu solución.

• •

Escoge una manera de mostrar al salón de clases
tu solución.

- Haz un modelo del parque.
- Escribe una historia.
- Haz un dibujo.

Nuestro país de muchas personas

Nuestra clase hizo un *collage* de los ciudadanos americanos. Los **ciudadanos** son un grupo de personas que pertenecen a una comunidad. Nosotros, también somos ciudadanos de nuestro **país**. Estados Unidos tiene más de 250 millones de ciudadanos.

Los americanos son diferentes de muchas maneras. Vivimos en diferentes lugares, comemos diferentes comidas y hacemos diferentes trabajos. Pero los americanos son iguales de manera especial. Seguimos las leyes de nuestro país. Cooperamos, o trabajamos juntos para hacer de nuestro país un gran lugar para vivir.

¿Cómo puedes ser un buen miembro de este gran grupo de americanos?

Cuadros de la historia

Mira los dibujos. Te ayudarán a recordar lo que aprendiste.

Habla sobre las ideas principales

1. Las personas pertenecen a muchos grupos.
2. Los niños en las escuelas aprenden juntos en grupos.
3. Las familias dependen de los demás en los barrios.
4. Las ciudades son lugares muy activos donde las personas viven, trabajan y juegan.
5. Las comunidades tienen leyes para el orden y la seguridad.
6. Nuestro país es el hogar de muchos americanos diferentes.

Escribe una lista Muchas personas te ayudan a satisfacer tus necesidades. Haz una lista de algunas de éstas personas. Di cómo dependes de ellas.

Repaso

Usa el vocabulario

¿Qué palabra va con cada definición?

ley   bienes   servicios   comunidad   grupo   mapa

1. lugar donde las personas viven, trabajan y juegan

2. dibujo que muestra dónde están los lugares

3. una regla que todos deben seguir

4. trabajos que hacen algunos para ayudar a otros

5. un número de personas haciendo algo juntos

6. cosas que las personas hacen o siembran

Comprueba lo que aprendiste

1. Nombra dos grupos a los que pertenezcas.

2. ¿Quiénes son algunas personas en la comunidad de las que dependen las familias?

3. ¿Cómo ayudan las leyes a las personas en la comunidad?

Da un ejemplo.

4. ¿En qué son diferentes los ciudadanos americanos? ¿En qué se parecen?

Piensa críticamente

1. ¿Qué pasaría si no hubiera leyes en una ciudad?

2. ¿Por qué debemos respetar las diferencias entre las personas?

Cómo leer un mapa y la clave del mapa

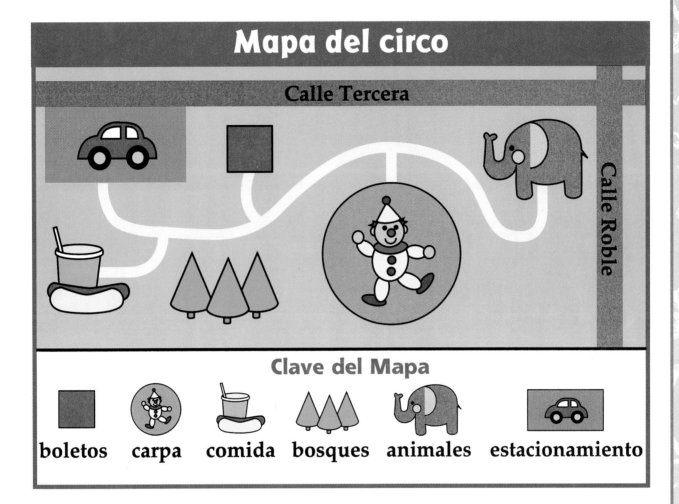

Mapa del circo

Calle Tercera

Calle Roble

Clave del Mapa

boletos　carpa　comida　bosques　animales　estacionamiento

1. ¿El mapa muestra el circo visto desde la tierra o desde el aire?

2. ¿Cuál es el símbolo para la carpa del circo?

3. ¿Qué hay entre el área de comida y el área de los animales?

4. ¿En qué calle está el estacionamiento?

Lee más sobre el tema

Marge's Diner de Gail Gibbons. HarperCollins. Personas interesantes vienen al comedor de Marge.

Mrs. Katz and Tush de Patricia Polacco. Dell. Un joven ayuda a su vecino y aprende que las personas comparten los mismos sentimientos.

Donde vivimos

VOCABULARIO

geografía

forma terrestre

continente

28

globo terráqueo

conservación

recurso natural

29

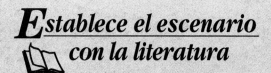

"Mirando a mi alrededor"

por Aileen Fisher

Las abejas
   son dueñas del trébol,
los pájaros
   dueños del cielo,
los conejos
   del césped largo y corto
de la pradera.

Las ranas
   dueñas de los pantanos,
las hormigas
   dueñas del suelo...
Espero que no les
importe que esté
mirando a mi alrededor.

LECCIÓN

Mirando alrededor de las comunidades

Llamamos **geografía** a lo que sabemos acerca de dónde y cómo viven las personas. Mira el álbum de fotos que muestra los diferentes lugares donde viven las personas. Viven en comunidades de diferentes tamaños.

Hay muchas personas en las ciudades, lugares activos con muchas cosas que hacer. Las personas viajan por calles bulliciosas para vivir y trabajar en altos edificios.

32

Las personas también pueden vivir en pequeños pueblos o granjas. Generalmente todos los vecinos se conocen. Algunas veces se reúnen para ayudarse entre sí y divertirse.

Un **suburbio** es una comunidad cerca de una ciudad. Aquí las personas viven en barrios tranquilos con menos tráfico que en las ciudades. Aún así muchas personas trabajan en la ciudad.

Puedes encontrar diferentes tipos de tierra cerca de las comunidades. La tierra puede ser plana o tener colinas. Las formas de la tierra se llaman formas terrestres .

Las montañas son el tipo de tierra más alto. En algunos lugares son tan altas que la nieve de la cima nunca se derrite.

Entre las montañas y las colinas hay tierras bajas llamadas valles . Las personas pueden vivir en los valles.

Las grandes áreas de tierras planas se llaman **llanos.** La tierra de los llanos generalmente es buena para sembrar y criar animales.

Los **desiertos** son tierras secas donde no llueve mucho. Con frecuencia hace mucho calor durante el día y frío en la noche.

Las personas también viven alrededor de diferentes extensiones de agua. El agua puede ser dulce o salada, corriente o tranquila.

Los **océanos** son las extensiones de agua más grandes. Sus olas de agua salada bañan las playas de muchos lugares alrededor del mundo.

Algunas personas viven en islas en el océano. Una **isla** es una forma terrestre rodeada de agua por todos lados.

Las extensiones de agua fresca llamadas **ríos** fluyen a través de la tierra y desembocan en los océanos. Los ríos pueden fluir por las montañas y a través de pueblos y ciudades.

Los **lagos** también son extensiones de agua rodeados de tierra. Los lagos de agua dulce y agua salada son de diferentes tamaños.

✓

¿Qué fotos ves en tu álbum?

Cómo

Encontrar tierra y agua en un mapa

Los mapas pueden usar colores y símbolos para mostrar los diferentes tipos de tierra y extensiones de agua.

1. Mira la clave del mapa. ¿De qué color son los desiertos?

2. Usa la clave del mapa para encontrar el símbolo para las montañas. ¿Qué océano está en el lado del país que tiene más montañas?

3. Encuentra lagos y ríos en el mapa. ¿Qué extensión de agua fluye entre Estados Unidos y México? ¿Qué extensiones de agua se encuentran entre Canadá y Estados Unidos?

Tierra y agua en Estados Unidos

CANADÁ

OCÉANO PACÍFICO

Alaska

Hawaii

ESTADOS UNIDOS

OCÉANO ATLÁNTICO

MÉXICO

Clave del mapa

- Montañas
- Llanos
- Desiertos
- Lagos
- Ríos

Piensa y practica

¿Dónde se encuentran los ríos más largos de nuestro país? ¿Cómo crees que ayudan a la tierra?

La vida en diferentes lugares

Tres amigos por correspondencia comparten cómo es la vida en una comunidad en las montañas, una comunidad en una isla y una comunidad en el desierto. Lee sus cartas.

Querida Felicia:

Hola. Me da mucho gusto que seas mi nueva amiga por correspondencia. Yo vivo en West Virginia. Mi casa está en el bosque. Tomé una foto de dos mapaches en un árbol de mi patio trasero. ¿No son muy graciosos? Nieva mucho en las montañas cerca de mi casa. ¿Nieva en Granada?

Mi mamá trabaja en un refugio para animales. Mi abuelo trabaja en el ferrocarril del pueblo. Me gusta nadar y pescar con mis amigos en el verano. En invierno nos divertimos esquiando. ¿Tú qué haces para divertirte?

Tu amigo,

Jared

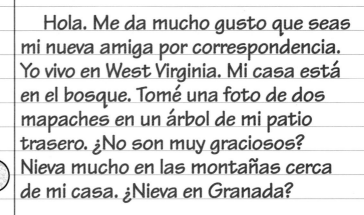

Querido Jared:

Yo vivo en una pequeña isla. Me gusta pescar. Mi familia tiene un criadero de pescados. Los sábados ayudo a mi papá y a mi tío en nuestro barco.

La semana pasada tuvimos un gran carnaval en el pueblo. Vino casi todo el mundo. ¿Te gusta mi disfraz? Mi hermana me pintó la cara para el desfile.

Tomé una foto de algunos de mis amigos en la escuela. Aquí siempre hace calor. ¡Nunca he visto la nieve! ¿Cómo se siente? Por favor escribe pronto.

Tu amiga,

Felicia

P.D. April es mi otra amiga por correspondencia. También te va a escribir una carta.

Querido Jared:

Yo vivo con mis abuelos en el Pueblo Cochiti en New Mexico. Vivimos en una casa de adobe. Aquí es muy seco.

Con mi clase fuimos a una excursión. Vimos el lugar donde nuestra gente vivió hace mucho tiempo. Sus casas estaban construidas en la ladera de la montaña.

Mis abuelos hacen hermosa cerámica y la venden en el mercado a los turistas. Yo les ayudo a hacer las vasijas y los muñecos de barro.

La fiesta de Pueblo es un día especial. Todos se disfrazan. Todos bailamos y cantamos. A lo mejor tú y Felicia pueden venir a festejar con nosotros un día. ¡Sería divertido! Por favor escribe.

Tu amiga,

April

¿Qué escribirías en una carta sobre el lugar donde vives?

Cómo

Usar un globo terráqueo

Los lugares que acabas de leer están en Norteamérica. Norteamérica es un área grande de tierra llamado **continente**. Puedes ver continentes y océanos en un globo terráqueo. Un **globo terráqueo** es un modelo de la Tierra.

1. Mira la foto del globo terráqueo. ¿En qué se parece a la Tierra? ¿Cómo es diferente un globo terráqueo a un mapa?

2. Ahora mira abajo a los dibujos del globo terráqueo. ¿Cuántos continentes ves? Nómbralos.

3. ¿Cuántos océanos ves? Nómbralos.

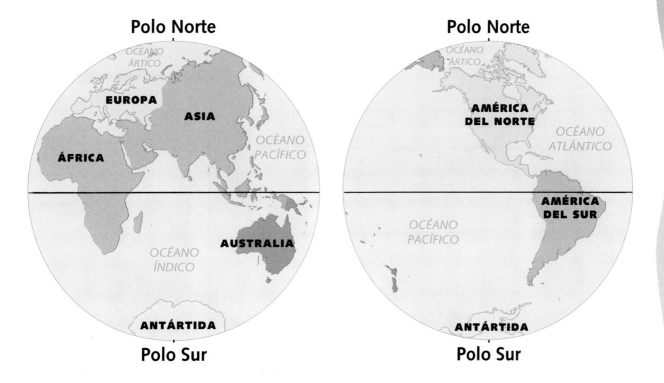

4. Encuentra el Polo Norte y el Polo Sur en cada dibujo. Después pon tu dedo en la línea dibujada entre los dos polos. Ésta es **la línea del ecuador**. Es una línea imaginaria que divide la Tierra por la mitad.

Encuentra la línea del ecuador en un globo terráqueo. ¿Cuáles son los tres continentes que atraviesa la línea del ecuador?

El uso de la tierra

Los compañeros de clase de Jason trajeron fotos y otras cosas de casa para mostrarlas y hablar sobre sus familias. Jason contó a la clase la historia de cómo su familia ha usado y cambiado la tierra de su granja.

Limpieza de la tierra

Época de la cosecha

46

El arado de la tierra

Hace mucho tiempo, nuestra granja estaba cubierta de árboles. Mi bisabuelo cortó los árboles para poder sembrar la tierra. Una fábrica usó los árboles para hacer papel y productos de madera.

Mi bisabuelo trabajaba en la granja todos los días. Trabajaba desde muy temprano en la mañana hasta que oscurecía. Primero, araba el campo y lo preparaba para la siembra. En la primavera, plantaba las semillas en la tierra que ya había preparado. Cultivar la tierra era un trabajo muy duro.

La lluvia y el sol ayudaron a que el trigo creciera muy alto. En otoño, la **cosecha** estaba lista para ser recolectada. Todos los trabajadores ayudaban a cosechar el trigo. ¡Todos celebraban la época de la cosecha!

Cosecha de trigo en nuestra granja

Mi familia

Ahora, la siembra es diferente para mi familia. Pero sigue siendo un trabajo pesado. Mi papá trabaja en la granja todos los días. Tenemos computadoras y máquinas nuevas que nos ayudan con el trabajo.

Mi mamá trabaja en la estación de televisión. Ella habla del clima. Es muy importante para los granjeros saber cuándo va a llover.

48

Toda nuestra familia trabaja duro durante la siembra y la cosecha. ¡La cosecha es la mejor época del año!

Me gusta mirar cuando la máquina arroja el trigo en los camiones. El trigo se seca y se guarda en unos edificios. Luego vendemos el grano. Las fábricas usan el trigo para hacer harina, pan y pasta.

Me gusta mucho vivir y trabajar en la granja con mi familia. Pero lo que más me gusta de la granja es compartir los deliciosos productos que obtenemos de nuestra tierra.

Cargando el grano

¿Cómo usan o cambian la tierra las personas que viven cerca de ti?

Cómo hacer un pastel de manzana y ver el mundo

Marjorie Priceman

La tierra nos da muchos recursos naturales. Los **recursos naturales** son cosas que usan las personas para hacer lo que necesitan. Averigua cómo puedes usar el mundo entero como un supermercado.

*H*acer un pastel es muy fácil. Primero compra todos los ingredientes en el mercado. Mézclalos bien, hornea y sirve. A menos, por supuesto, que el mercado esté cerrado.

En ese caso, ve a casa y empaca una maleta. Toma tu lista de compras y unos zapatos para caminar. Luego sube a un barco de vapor rumbo a Europa. Aprovecha los seis días a bordo para practicar tu italiano.

Si lo planeas bien, llegarás a Italia en época de cosecha. Busca una granja en el lugar más profundo del campo. Recolecta un poco de excelente sémola de trigo. Una brazada o dos serán suficientes. Después sube a un tren rumbo a Francia y consigue una gallina.

Las gallinas francesas ponen huevos elegantes —y tú sólo quieres los más finos ingredientes para tu pastel. Convence a la gallina para que te ponga un huevo. Mejor aún, llévate a la gallina contigo. Hay menos riesgo de que se te rompa el huevo de esa manera.

Vete a Sri Lanka como puedas.

No te puedes perder. Sri Lanka es una isla en forma de pera en el océano Índico. La mejor canela del mundo se produce ahí, de la corteza del árbol nativo kurundu. Así que ve directo al bosque tropical. Busca un árbol kurundu y toma un poco de corteza. Si un leopardo está durmiendo bajo el árbol, no hagas mucho ruido.

Pide un aventón a Inglaterra. Haz amistad con una vaca. Sabrás que es una vaca inglesa por sus buenos modales y su encantador acento. Pregúntale si puedes tomar una o dos tazas de leche. Mejor aún, llévate toda la vaca contigo para que tu producto final sea todo fresco.

Viaja como polizón en un barco platanero que vaya de regreso a Jamaica. En el camino, puedes recoger algo de sal. Llena un frasco con agua salada de mar.

Cuando el barco atraque en Jamaica, camina hacia la plantación de azúcar más cercana. Preséntate a todo el mundo. Cuéntales del pastel que estás haciendo. Después ve a los campos y corta algunas cañas de azúcar.

Es mejor que vueles a casa. No quieres que los ingredientes se echen a perder.

Espera un minuto. ¿No olvidas algo? ¿Y LAS MANZANAS? Pide al piloto que te deje en Vermont.

No tendrás que ir muy lejos para encontrar un huerto de manzanas. Toma ocho manzanas rosadas de la copa del árbol. Dale una a la gallina, una a la vaca y tú cómete otra. Te quedan cinco para el pastel. Después vete a casa rápidamente.

Ahora todo lo que tienes que hacer es moler el trigo para hacer harina,

moler la corteza de kurundu para la canela,

evaporar el agua de mar de la sal,

hervir la caña de azúcar,

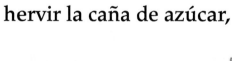

convencer a la gallina para que ponga un huevo,

ordeñar la vaca,

batir la leche
hasta que se haga
mantequilla,

rebanar las
manzanas,

mezclar los
ingredientes y
hornear el pastel.

Mientras el pastel se enfría, invita a algunos
amigos para que lo compartan contigo.

Recuerda que el pastel de manzana es delicioso si le
pones helado de vainilla encima, lo puedes conseguir
en el mercado. Pero si el mercado está cerrado...

¡TE LO PUEDES COMER SOLO!

¿En cuántos lugares se encontraron recursos naturales?

DESTREZAS
Cómo

Leer una tabla

En *Cómo hacer un pastel de manzana y ver el mundo*, leíste sobre las cosas que usamos de la tierra. Puedes usar un tipo de lista llamada **tabla** para conocer otros importantes recursos naturales.

1. Lee el título de la tabla. ¿Qué muestra esta tabla?

2. ¿Cuáles son los cuatro recursos naturales que aparecen en la tabla?

3. Nombra dos productos hechos de trigo.

Piensa y practica

Algunos productos se nombran más de una vez en la tabla. ¿Qué productos están hechos con más de un recurso natural?

62

Productos hechos de recursos naturales

Recursos naturales	Productos			
 árboles	 muebles	 libros	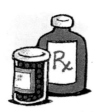 medicinas	 herramientas
aceite	gasolina	 plásticos	 cortinas	 medicinas
 trigo	 harina	 cereal	 pasta	 comida para mascotas
 hierro	 clips	 bomba de agua	 tuberías	 herramientas

El cuidado de la Tierra

Mi nombre es Nikko y amo los árboles. De mi clase de segundo grado, tengo la colección más grande de hojas. La semana pasada, entrevisté a una guardabosque llamada Mia Monroe. Ella me habló acerca de la conservación.

La **conservación** es lo que nosotros debemos hacer para proteger el bosque. Éstas son algunas de las cosas que aprendí sobre el trabajo de los guardabosques.

Nikko: ¿En dónde trabajas?

Guardabosque Monroe: Trabajo en un parque nacional. Un parque nacional es un lugar en donde se protege a la naturaleza y los animales. Los visitantes pueden ver muchas clases de plantas, animales y árboles.

64

Nikko: ¿Qué es lo que más te gusta de ser guardabosque?

Guardabosque Monroe: Mi deber favorito es hablar con los niños sobre las plantas y la vida salvaje del bosque.

Nikko: ¿Qué otros deberes tienes?

Guardabosque Monroe: Busco personas y animales que puedan estar heridos o necesiten ayuda. Obtengo muestras de agua y tierra para examinarlas. También me aseguro de que las personas obedezcan las reglas del bosque.

Nikko: ¿Cuáles son algunas de las reglas del bosque?

Guardabosque Monroe: No se permite que las personas tiren basura, arranquen flores o corten árboles. Tampoco pueden molestar o dañar a los animales. Las reglas protegen los parques para que todos puedan disfrutarlos.

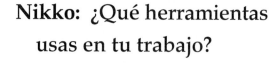

Nikko: ¿Qué herramientas usas en tu trabajo?

Guardabosque Monroe: Uso mapas, un compás, binoculares y un radio que me ayuda a cuidar el bosque.

En mi entrevista, también aprendí que los guardabosques buscan incendios desde una torre para detectar incendios. Estas torres son más altas que las copas de los árboles. Los guardabosques buscan cualquier señal de humo mientras vigilan el bosque.

Es importante que los visitantes y guardabosques trabajen juntos para conservar el parque limpio y seguro.

Nikko

✓

¿Qué preguntas tienes sobre cómo cuidar a la Tierra?

Los Bosqueteros

¿**P**ueden los niños hacer que cambien las cosas? ¡Por supuesto que sí! Mi nombre es Sabrina y vivo en El Segundo, California. Mis amigos y yo queríamos ayudar a mantener limpias la tierra y el agua. Formamos un club llamado Los Bosqueteros cuando teníamos ocho años.

Los Bosqueteros decidieron tratar de resolver un gran problema. El Segundo está cerca del aeropuerto de Los Angeles. Debido a los aviones, hay mucho ruido y contaminación en nuestro pueblo.

Aprendimos que los árboles ayudan a controlar la contaminación que hay en El Segundo. Plantamos un árbol y lo llamamos Marcie, el árbol maravilloso. Ya hemos plantado más de 700 árboles en El Segundo.

 ¿Qué puedes hacer tú?

- **Haz un cartel para mostrar lo que puedes hacer para ayudar a la Tierra.**
- **Lee libros sobre la Tierra, como el de <u>Michael Bird-Boy</u> de Tomie de Paola o <u>A Tree Is Nice</u> de Janice Udry.**

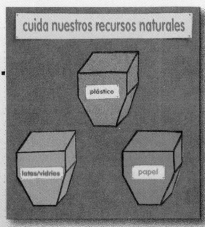

Cuadros de la historia

Mira los dibujos. Te ayudarán a recordar lo que aprendiste.

Habla sobre las ideas principales

1. Las comunidades son de diferentes tamaños.
2. Los suburbios están cerca de las ciudades.
3. La Tierra tiene diferentes tipos de tierra y agua.
4. Las personas pueden cambiar la tierra.
5. Las personas de los pueblos y las granjas dependen unos de otros.
6. Importantes recursos naturales provienen de la Tierra.

Describe un personaje   Piensa en un personaje que pudo haber vivido en los cuadros de la historia. Describe en dónde vive y trabaja. Di lo que hace para divertirse.

Repaso

Usa el vocabulario

Escoge dos palabras de la lista. Escribe unas oraciones usando esas palabras para decir algo del lugar donde vives.

conservación

continente

geografía

globo terráqueo

forma terrestre

recurso natural

Comprueba lo que aprendiste

1. ¿Qué diferencia hay entre vivir en un suburbio o en una ciudad?
2. Nombra y explica algo sobre una forma terrestre o una extensión de agua.
3. ¿Cómo cambian las personas la tierra?
4. ¿Por qué es importante el agua?
5. Habla sobre algo que usas de la tierra.

Piensa críticamente

1. ¿Cómo te ayuda la geografía a aprender sobre las personas?
2. ¿Cómo puedes ayudar a cuidar la Tierra? ¿Por qué es importante?

Aplica tus destrezas

A. Cómo leer una tabla

Árboles		
Tipo	**Tamaño**	**Productos**
Maple	50-80 pies	miel, muebles, instrumentos musicales, cajas
Nuez	90-120 pies	nueces, pisos, muebles, paneles
Pino	75-200 pies	madera, aguarrás, pintura, jabón, papel
Roble	40-90 pies	madera, muebles, barriles, traviesas para vías de tren, papel
Secoya	200-275 pies	pared exterior de casa, muebles

1. ¿Cuántos tipos de árboles se muestran en la tabla?
2. ¿Qué árbol crece más alto?
3. ¿Qué árbol nos da miel?

B. Cómo usar un globo terráqueo

Mira un globo terráqueo y contesta estas preguntas.

1. ¿Está Europa al norte o al sur de la línea del ecuador?
2. ¿Qué polo está en la Antártida?

Lee más sobre el tema

Climbing Kansas Mountains de George Shannon. Bradbury Press. Padre e hijo comparten el lugar especial donde viven.

Radio Man de Arthur Dorros. HarperCollins. Diego va de granja en granja con su familia. Ayuda a recolectar frutas y verduras.

La gente hace la historia

VOCABULARIO

historia

colonizador

monumento histórico

presidente

invento

"Yo Puedo"

por Mari Evans

¡Yo puedo
ser lo que quiero
yo puedo
hacer lo que quiero
yo puedo
pensar
lo que quiero
grande
o alto
o
pequeño o bajo
ancho o angosto
rápido o
despacio
porque
PUEDO
Y
QUIERO!

77

Recordamos el pasado

La **historia** de un país es la historia de las personas y los eventos a través del tiempo. Compara la vida diaria en la antigua América con tu forma de vida.

Hace muchos años las personas venían a vivir a América desde otros países. Estos primeros **colonizadores** americanos construían sus propias casas y sembraban su propia comida. Quemaban leña para cocinar sus alimentos y calentar sus casas. Las familias secaban, ahumaban y salaban algunos alimentos para almacenarlos para el invierno. ¿Cómo almacena tu familia los alimentos?

78

¡Hacer ropa era más trabajoso antes!
Los primeros americanos rasuraban a los
borregos para quitarles la lana. Hilaban la lana.
Luego tejían el hilo en un telar para hacer la tela
y luego la ropa. ¿Cómo obtiene tu familia la ropa
que necesitas?

La mayoría de los pueblos imprimían un periódico. El periódico era un importante medio para que las personas aprendieran de su comunidad y del mundo. ¿Cómo obtienen hoy las personas las noticias?

Los primeros colonizadores americanos disfrutaban algunas de las actividades que nosotros hacemos. Jugaban juegos con sus amigos. Las familias pasaban tiempo juntos.

¿Podían los antiguos colonizadores americanos hacer lo que a ti te gusta hacer? ¿Por qué o por qué no?

DESTREZAS

Cómo

Leer una línea de tiempo

julio	agosto	septiembre

julio 22

Los peregrinos viajan de los Países Bajos a Inglaterra

septiembre 16

El Mayflower zarpa a América

Una **línea de tiempo** muestra el orden en el que pasan las cosas. Esta línea de tiempo muestra la historia de los peregrinos. Ellos fueron los primeros colonizadores que vinieron a América.

1. ¿Cuánto tiempo se muestra en la línea de tiempo?

2. ¿En qué mes zarpó el Mayflower a América?

3. En noviembre los peregrinos firmaron un plan para dirigir las nuevas colonias. ¿Cómo se llama?

octubre	noviembre	diciembre
	noviembre 21	diciembre 25
	Se firma el Tratado Mayflower	**Plymouth es elegido como nuevo hogar**

Piensa y practica

¿Cuántos meses pasaron antes de que el Mayflower llevara a los peregrinos a Plymouth?

Las comunidades crecen y cambian

San Antonio es una ciudad muy antigua en Texas. Acompaña a Miguel mientras aprende cómo ha crecido y cambiado la ciudad.

Miguel: ¿Qué tan antigua es nuestra ciudad, abuelo?

Abuelo: San Antonio empezó en 1718 como un fuerte español. El padre Antonio Olivarez y otras personas de España construyeron muchas iglesias aquí llamadas misiones.

La misión San José fue construida en 1720. Se conoce como la "reina de las misiones" porque es muy hermosa. Esta misión es un monumento histórico en San Antonio. Un **monumento histórico** es algo que las personas ven fácilmente y saben que es parte de la comunidad.

84

Miguel: El Álamo también debe ser un monumento histórico.

Abuelo: Sí, Miguel. El Álamo fue construido como misión cuando empezó San Antonio. Cuando más personas llegaron a San Antonio, el Álamo fue usado como hospital y para que vivieran los soldados.

El Álamo jugó un gran papel en la historia de Texas. Casi doscientos americanos y mexicanos pelearon y murieron ahí durante la Revolución de Texas. Eso fue cuando Texas aún era parte de México. Texas se hizo parte de Estados Unidos en 1845.

ANDREW KENT · JOSEPH KERR · GEORGE C. KIMBLE · WILLIAM P. KING · JOHN G. KING · WILLIAM IRVINE LEWIS · WILLIA
JAMES McGEE · ROBERT McKINNEY · ELIEL MELTON · THOMAS R. MILLER · WILLIAM MILLS · ISAAC MILLSAPS · E
JAMES NOWLAN · GEORGE PAGAN · CHRISTOPHER A. PARKER · JUAN ANTONIO PADILLO · WILLIAM PA RICHAR
CLELLAND KINLOCH SIMMONS · ANDREW H. SMITH · CHARLES S. SMITH · JOSHUA G. SMITH · WILLIAM H. SMITH
JOHN W. THOMSON · JOHN M. THRUSTON · BURKE TRAMMEL · WILLIAM BARRET TRAVIS · GEORGE W. TUMLINSON

Abuelo: Muchas personas en San Antonio tienen antepasados españoles o mexicanos. Esta pintura a lo largo del Riverwalk muestra el orgullo por nuestra historia.

Miguel: Esta parte de nuestra ciudad es nueva y moderna.

Abuelo: Sí, Miguel. Las personas vienen aquí a disfrutar de las tiendas, hoteles y cafés a lo largo del río San Antonio.

Cuando yo era niño, este río inundó gran parte de la ciudad. Entonces San Antonio se reconstruyó mejor que antes. Todavía sigue creciendo y cambiando.

Ahora San Antonio es mucho más que un pueblo pequeño. Es una de las ciudades más grandes de Estados Unidos. Muchas personas trabajan aquí en las fábricas, hospitales y bases militares. Hay muchas cosas que ver y hacer en nuestra ciudad.

Miguel: San Antonio es un buen lugar para visitar y un buen lugar para vivir.

✓ ¿Cuáles son algunos monumentos históricos en tu comunidad?

DESTREZAS
Cómo
Encontrar causas y efectos

Los cambios pasan por diferentes razones. Lo que hace que algo pase es una causa. Lo que pasa es un efecto.

1. Mira la primera foto. Este es San Antonio hace muchos años. ¿Cómo era la comunidad?

2. Mira la foto de abajo. ¿Qué cambios ves?

3. ¿Por qué crees que creció San Antonio?

Piensa y practica

¿Qué crees que provocó que el tren llegara a San Antonio?

Las personas dan ejemplo

Washington, D.C., es la capital de nuestra nación.

Una **capital** es una ciudad en donde trabajan los líderes de un país. Acompáñanos mientras recorremos esta ciudad tan especial.

Aquí es la Casa Blanca donde vive el presidente. El **presidente** es el líder de Estados Unidos. Muchos presidentes han vivido en la Casa Blanca desde que se construyó en 1800. Este edificio ha sido cambiado muchas veces. Nuestro país también ha cambiado.

TOUR GUIDE

90

Este es el edificio del Capitolio donde trabajan los legisladores. Los **legisladores** son las personas que hacen las leyes de nuestro país. El edificio del Capitolio ha tenido tres diferentes domos. El domo es un símbolo de la grandeza de nuestro país.

El **Congreso** es el grupo de legisladores que trabajan en el edificio del Capitolio. Ellos son algunos de los líderes que ayudan a nuestro país a crecer y cambiar. Ellos planean caminos para mantener nuestro país sano y fuerte.

Monumento a Jefferson

Monumento
a Lincoln

Esta conocida parte de la ciudad es llamada el West Mall. Pero no es para ir de compras. Las personas vienen aquí a ver los **monumentos**. Estos son lugares o edificios construidos en honor a alguien. Los monumentos a Washington, Lincoln y Jefferson honran a tres grandes presidentes. Cada uno de estos tres hombres ayudó a guiar a nuestro país en tiempos difíciles.

Monumento a Washington

Las personas también visitan el Cementerio Nacional de Arlington y el Monumento a los Veteranos de Vietnam. Estos lugares honran a los hombres y mujeres que murieron por nuestro país. Hay muchos lugares especiales en la capital de nuestro país.

Cementerio Nacional de Arlington

Monumento a los Veteranos de Vietnam

¿Qué líderes de nuestro país puedes mencionar?

DESTREZAS
Cómo
Usar un mapa cuadriculado

Los visitantes de Washington, D.C., a menudo usan mapas para encontrar la ruta más corta. Una **ruta** es una forma de viajar de un lado a otro. Para ayudarte a encontrar lugares, este mapa tiene unos cuadros llamados cuadrículas. Cada cuadro tiene un nombre y una letra.

1. Encuentra el Monumento a Lincoln. Está en el cuadro B-1. ¿En qué cuadro está el Monumento a Washington?

2. ¿En qué cuadro esta el Monumento a los Veteranos de Vietnam?

3. ¿Qué hay en el cuadro E-5?

4. ¿En qué cuadros está el espejo del agua?

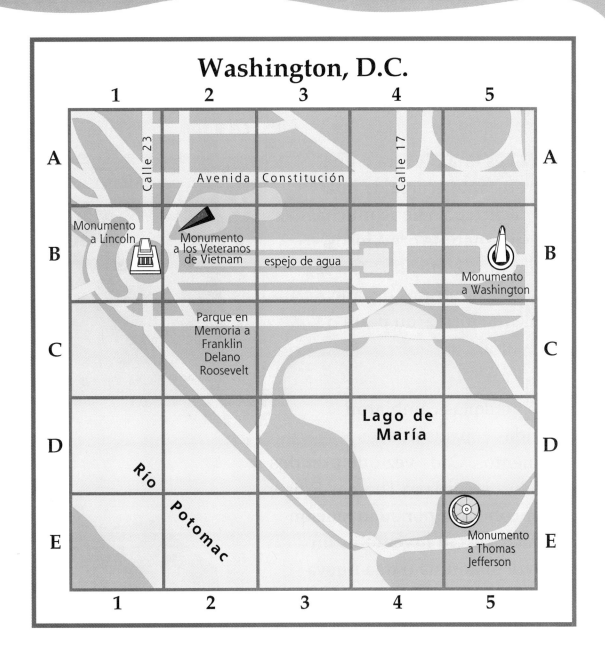

Washington, D.C.

	1	2	3	4	5
A		Avenida Constitución		Calle 17	
B	Monumento a Lincoln	Monumento a los Veteranos de Vietnam	espejo de agua		Monumento a Washington
C		Parque en Memoria a Franklin Delano Roosevelt			
D		Río Potomac		Lago de María	
E					Monumento a Thomas Jefferson

Calle 23

Piensa y practica

Sigue una ruta. Pon tu dedo en el cuadro E-5. Viaja arriba hacia C-5. Ve a la izquierda hacia C-2. ¿Qué parque esta en el centro del cuadro?

Retratos americanos

Un retrato es una pintura o una historia interesante acerca de una persona. Nuestro país tiene muchas personas para sentirse orgullosos. Algunos son muy conocidos. Otros no. Mira y lee los retratos de cinco americanos que formaron parte de nuestra historia.

Algunas personas cambiaron nuestras vidas con sus nuevos descubrimientos. Cada vez que prendes una luz, debes recordar a Thomas Edison. Él es mejor conocido por su invención del foco eléctrico. Un **invento** es un nuevo tipo de máquina o una nueva manera de hacer algo. Edison también inventó el fonógrafo. Él llegó a conocerse como el "sabio del Parque Menlo". El Parque Menlo era donde trabajaba.

Tú sabes que puedes ir a un banco a pedir dinero. Pero ¿sabías que puedes ir a un tipo de banco diferente a pedir sangre? Cuando Charles Drew estudiaba para ser doctor, aprendió mucho sobre la sangre. Encontró una forma para guardar la sangre. Después, cuando las personas se enferman y pierden sangre, la sangre guardada puede ayudarlos a recuperarse.

El invento del Dr. Drew salvó a miles de soldados durante una terrible guerra. Más tarde se convirtió en la cabeza del Banco de Sangre de la Cruz Roja. También enseñó a muchos jóvenes doctores a ayudar a otras personas.

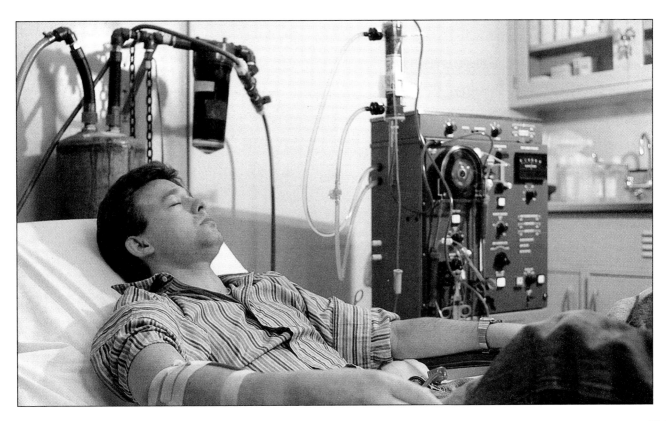

Algunas personas se quejan cuando las leyes no son justas. Susan B. Anthony se quejó. Era una maestra que dijo que las leyes de nuestro país deberían ser para todos los americanos. En su época sólo los hombres podían votar. Su trabajo ayudó a cambiar las leyes para que también las mujeres pudieran votar. Anthony fue la primera mujer que apareció en las monedas americanas. Su retrato está en el dólar de plata.

El Dr. Martin Luther King, Jr., también luchó por el trato justo para todos los americanos. Honramos su gran labor con un día festivo para celebrar su cumpleaños.

El Dr. King era un ministro. Él creía que las personas no deberían ser tratadas diferente por el color de su piel. El Dr. King era un gran orador. Muchas personas siguieron sus mensajes de paz por el cambio. Más tarde las personas se escandalizaron y entristecieron cuando asesinaron al Dr. King. Actualmente, las personas aún recuerdan su mensaje.

Hace muchos años, un indio cheroquí llamado Sequoyah quiso ayudar a su pueblo a estudiar. Pero su gente no tenía un alfabeto. Él decidió cambiar eso.

Un día, Sequoyah escribió unas palabras murmuradas por un extraño. Pasó el papel a su hija Ahyoka que estaba sentada lejos de él. Ahyoka leyó las palabras. Los cheroquíes estaban asombrados con "las hojas hablantes". Sequoyah no sólo inventó el alfabeto, sino que también lo usó para escribir un periódico para su gente. Su gran invento ayudó a los cheroquíes a aprender más y más.

✓ ¿El retrato de quién agregarías a esta lista de americanos importantes?

¿Qué te pueden decir estas fotos de la historia?

Trabaja en equipo.

Haz una lista de las pistas que ves.

- ¿Cómo es que cada foto te da una pista sobre la historia?
- ¿Cuáles son las pistas más fáciles de entender?
- ¿En qué otras pistas puedes pensar?

100

Muestra tus ideas

● ●

Escoge una forma de enseñar tus ideas a la clase.

- Inventa una historia sobre el significado de una de las pistas.
- Haz una actuación resolviendo un misterio de la historia.
- Dibuja algo sobre otras pistas para la historia.

Cuadros de la historia

Sigue los dibujos. Te ayudarán a recordar lo que aprendiste.

Habla sobre las ideas principales

1. Los indios americanos fueron los primeros pobladores y cuidadores de nuestro país.
2. Los colonos de otros países construyeron sus nuevos hogares en América.
3. Líderes importantes han formado nuestra historia.
4. Las comunidades crecen y cambian.
5. Diferentes tipos de personas hacen grandiosa a América.

Escribe sobre un héroe Escoge a alguien que admires. Escribe por qué crees que esa persona es importante. Di lo que puedes aprender de tu héroe.

Repaso

Usa el vocabulario

¿Qué palabra va mejor con cada oración?

colonizador   **invento**   **Presidente**

monumento histórico   **historia**

1. Una forma de aprender sobre el pasado es leyendo libros de _____.

2. Puedes leer sobre el _____ Abraham Lincoln.

3. También puedes leer sobre la vida dura de un _____ americano.

4. Puedes aprender sobre el _____ del foco de Thomas Edison.

5. También puedes aprender sobre el Álamo u otro _____ de interés.

Comprueba lo que aprendiste

1. ¿Cómo era la vida de los colonos diferente de la tuya?

2. ¿Qué puede hacer que cambie una comunidad?

3. ¿Quién hace las leyes para nuestro país y en dónde trabajan?

4. Nombra un invento y explica como ha cambiado la vida de las personas.

Piensa críticamente

1. ¿Qué es la historia y por qué la estudiamos?

2. ¿Por qué los monumentos históricos son importantes para las personas de una comunidad?

Aplica tus destrezas

A. Cómo usar un mapa cuadriculado

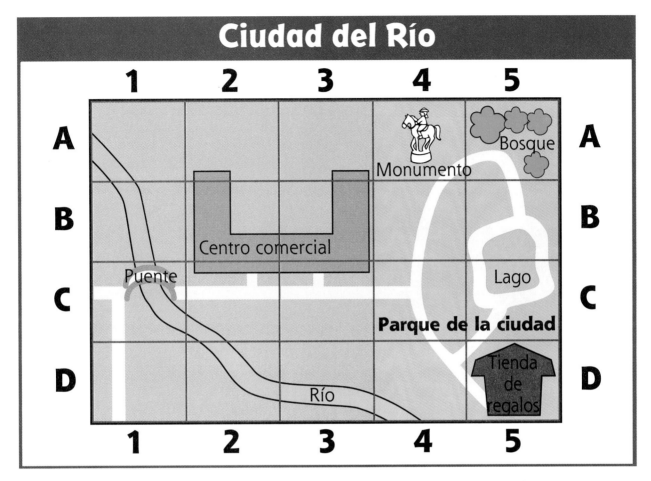

Ciudad del Río

1. ¿Qué edificio está en D-5?
2. ¿En qué cuadro esta el monumento?
3. ¿Cuántos cuadros hay entre el parque y el puente?

B. Cómo leer una línea de tiempo

Haz una línea de tiempo para mostrar los cumpleaños de tu familia.

Lee más sobre el tema

<u>The Joke's on George</u> de Michael O. Tunnell. Tambourine. George Washington visita el museo de un amigo.

<u>McGraw's Emporium</u> de Jim Aylesworth. Henry Holt. La tienda del Sr. McGraw está llena de cosas de diferentes países y diferentes épocas.

Todos trabajamos juntos

VOCABULARIO

impuestos

TAX COLLECTOR

106

fábrica

transporte

productor

consumidor

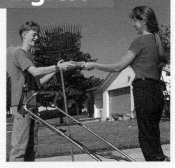

ingreso

107

"La tienda"

por Rachel Field

Algún día tendré una tiendita y en la
puerta colgaré una campanita, con
muchas vitrinas y un gran mostrador
con cajones llenos de cosas para el
consumidor.

Habrá un poco de todo;
telas multicolores, bolas de estambres;
cajitas de mentas y paquetes de té;
ollas, cafeteras y sartenes;
semillas en paquetes y tijeras
resplandecientes; barriles de azúcar,
piloncillo y nuez; para los picnics hay
refrescos y también pasteles; y botas y
plátanos a montones.

Arreglaré la vidriera y el mostrador,

y me haré rica vendiendo al por mayor,

será mi tienda y yo diré cuando los vea

entrar:

¡Hola!

¿Cómo los puedo ayudar?

Servicios de la comunidad

Mi clase ha estado aprendiendo sobre cómo la comunidad paga por sus servicios. Leímos éste artículo en nuestra revista semanal.

Los impuestos pagan por los servicios de la comunidad

Las comunidades obtienen dinero de las personas que viven ahí. A éste dinero se le llama **impuestos**. El dinero de los impuestos sirve para pagar a los trabajadores como: maestros, policías y bomberos. Con este dinero también se paga a los líderes de nuestra comunidad.

Los impuestos se usan para construir escuelas y comprar carros de policías y camiones de bomberos. Los impuestos pagan por el cuidado de los niños en las clínicas de salud. Los impuestos ayudan a que la comunidad cuide a sus ciudadanos.

" Los impuestos ayudan a que la comunidad cuide a sus ciudadanos. "

¿Cómo ayudan los impuestos a tú comunidad?

111

Usar una pictografía

La clase del Sr. Lee hizo una pictografía para mostrar los lugares que dan servicios en su comunidad. Una **pictografía** usa dibujos para mostrar números de cosas.

1. Mira la pictografía. ¿Cuántos servicios se muestran?

2. Encuentra la clave. ¿Qué símbolo se usa para mostrar el número de lugares que da cada tipo de servicio?

3. Encuentra la escuela. ¿Cuántas escuelas hay? Cuenta los símbolos para averiguarlo.

4. Encuentra la estación de bomberos. ¿Hay más o menos estaciones de bomberos que escuelas?

Servicios en nuestra comunidad

Banco	🏢 🏢 🏢
Estación de bomberos	🏢 🏢 🏢
Hospital	🏢
Oficina de correos	🏢 🏢
Escuela	🏢 🏢 🏢 🏢
Clave	🏢 = 1 servicio

Piensa y practica

Piensa en algún otro servicio que puedas agregar a la pictografía.

Las personas producen bienes

La clase de Josh fue a una excursión la semana pasada. Sigue su ruta para ver qué aprendieron sobre cómo se hacen los tenis.

1. Las fábricas de tenis son lugares muy activos. Una **fábrica** es un lugar donde se hacen bienes. Cada trabajador en la fábrica tiene un trabajo especial que hacer.

2. El hule viene de países lejanos. El hule se derrite en moldes con la forma de las suelas de los tenis.

3. Las máquinas cortan la parte de arriba de los tenis y los trabajadores cosen las diferentes partes.

4. Los trabajadores hacen agujeros en los zapatos para los cordones. Luego pegan la parte de arriba con la de abajo.

5. Después, pegan tiras de hule alrededor de los tenis.

6. Finalmente, ponen los tenis en unos estantes para que se horneen. Ésto los hace resistentes.

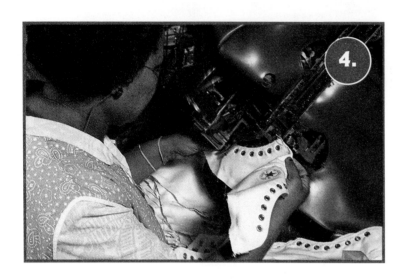

7. Cuando están listos los tenis, los trabajadores les ponen los cordones. Luego meten los zapatos en cajas. Las cajas se empacan en camiones y se mandan a las tiendas.

Mira tus zapatos. ¿Puedes decir cómo se hicieron?

Cómo

Predecir algo probable

Zapatos nuevos

El tío y la tía de Kim le dieron dinero para su cumpleaños. Gracias—dijo—, lo usaré para comprar un par de zapatos nuevos.

En la tienda, la vendedora le preguntó a Kim —¿Qué tipo de zapatos estás buscando?

Kim dijo —Todos mis amigos están usando tenis de colores brillantes. ¡Yo quiero unos rosados!

—Lo siento mucho —dijo la vendedora—. Sólo tenemos tenis negros y blancos. ¿No te gustarían unas sandalias muy bonitas?

¿Qué crees que va a pasar después? ¿Qué hará Kim? ¿Qué hará la vendedora?

Estás haciendo una **predicción** cuando dices lo que crees que va a pasar después. Una manera de hacer buenas predicciones es seguir algunos pasos.

1. Lee la historia. Piensa en lo que sabes sobre Kim. ¿Qué quiere comprar?

2. Busca pistas en la historia. ¿Qué es lo que la vendedora quiere que haga?

3. Piensa en lo que va a pasar después. Haz una predicción.

Piensa y practica

¿Qué pasaría si una fábrica de zapatos no puede conseguir el hule para hacer zapatos? Haz una predicción.

119

Bienes hechos cerca y lejos

Los países de todas partes del mundo intercambian bienes. **Intercambiar** significa comprar y vender cosas. Estados Unidos vende algodón, ropa y comida a países como China y México. Compramos cámaras y máquinas de países como Japón y Alemania.

Los países usan diferentes tipos de **transporte** para mover los bienes. Los bienes viajan por trenes, aviones, barcos y camiones.

Mi clase hizo un catálogo de bienes que compramos de otros países. Estos bienes vienen de todas partes del mundo.

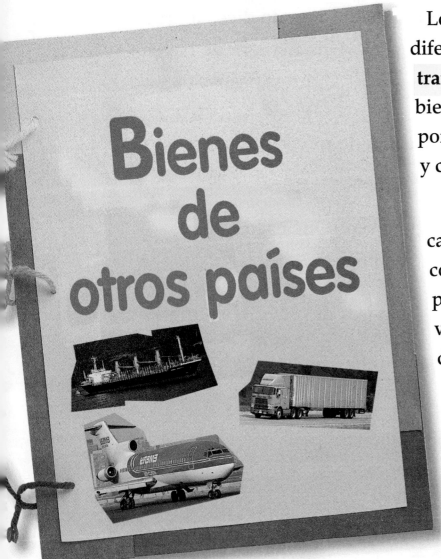

Bienes de otros países

Mira el catálogo de nuestra clase. ¿Cuáles son algunos bienes que compramos a México, Escocia y Japón?

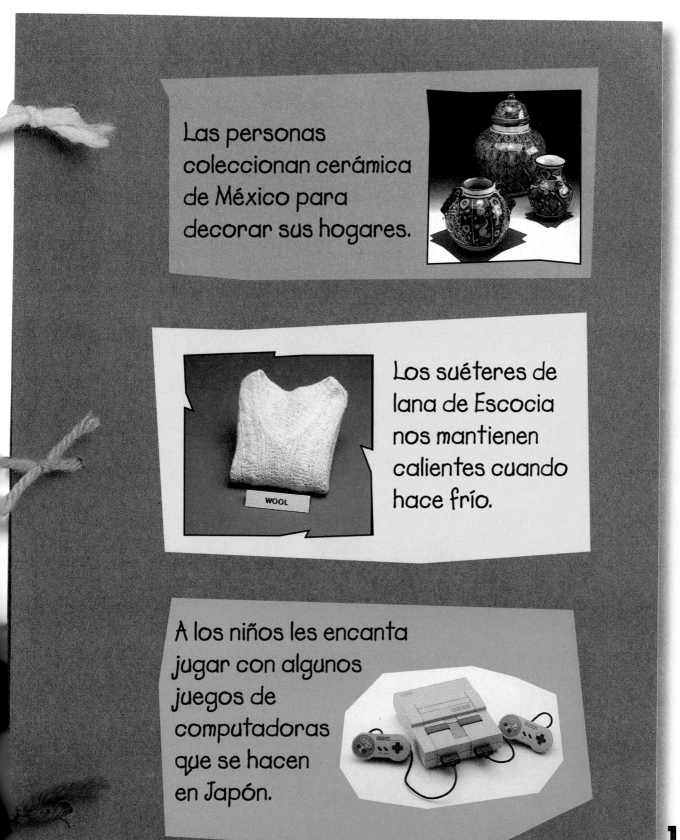

Las personas coleccionan cerámica de México para decorar sus hogares.

Los suéteres de lana de Escocia nos mantienen calientes cuando hace frío.

WOOL

A los niños les encanta jugar con algunos juegos de computadoras que se hacen en Japón.

Algunos países tienen comida, metales o plantas especiales. ¿Quién podrá querer tulipanes de Holanda?

Estos plátanos crecieron en plantaciones en Costa Rica.

Esto se hizo con oro de Sudáfrica.

Los bulbos de tulipanes holandeses se convierten en hermosas flores.

A veces compramos recursos naturales de otros países. Los trabajadores americanos hacen bienes de los recursos naturales. ¿Qué podrían hacer de estos recursos naturales?

El chocolate se hace con granos de cocoa que vienen de Ecuador.

El hule viene de árboles en Malasia.

Canadá tiene muchísimos árboles que nos dan madera.

¿Qué bienes de otros países puedes encontrar en tu comunidad?

LECCIÓN

Productores y consumidores, compradores y vendedores

En nuestra escuela recolectamos dinero para comprarle un regalo a un compañero que estaba enfermo. Todos pensamos en maneras de ganar dinero.

La semana pasada mi clase hizo una venta de trabajos manuales. Hicimos dibujos y vasijas de barro para vender. Yo vendí un dibujo de mi perro Rojo por 25 centavos. Nuestra maestra dijo que éramos productores. Los **productores** hacen o plantan cosas para vender.

124

Invitamos a
nuestras familias y amigos
a la venta. Mi hermana compró dos
plantas para su cuarto. Ella fue un consumidor.
Los **consumidores** usan las cosas hechas por los
productores.

Hoy la escuela le mandó una nueva
computadora a Mandy. El dinero que ganamos
ayudó a comprar el regalo. La computadora le va a
ayudar a Mandy a aprender en su casa.

¿Cuándo eres
un consumidor?

Tomar decisiones inteligentes

Los **deseos** son bienes y servicios que les gustaría tener a las personas. Las personas no pueden comprar todo lo que desean. Deben hacer selecciones. Lee para ver cómo Jarrod planea gastar su dinero.

Gano dinero lavando los carros de mis vecinos. También hago tareas extras de la casa como barrer las hojas. El dinero que gano se llama **ingreso**.

Me gasto parte de mi ingreso. Guardo mi dinero en un banco hasta que me lo quiero gastar. Mis abuelos me dieron dinero para mi cumpleaños. Estoy ahorrando ese dinero para la universidad. También lo guardo en el banco.

CUENTA DE AHORROS
de Jarrod

Depósitos

7 de julio
Dinero de los abuelos
para la universidad

$50.00

12 de agosto
Dinero ahorrado
de mi mesada

$20.00

22 de agosto
Dinero de las ventas de
limonadas y lavadas
de coches

$35.00

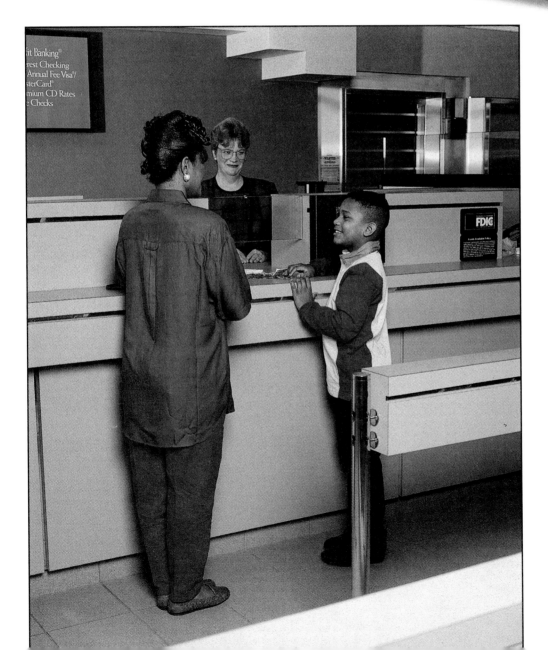

Cuando voy de compras, veo muchas cosas que quiero comprar. Hago selecciones de cómo quiero gastar mi dinero. Todavía no tengo suficiente dinero para comprar una bicicleta nueva. Si compro una pecera, tendré que comprar comida para peces cada semana.

Decido comprar una pelota de fútbol. Me gusta jugar partidos con mis amigos. Me sobrará dinero después de comprar la pelota. Saco el dinero del banco que creo que voy a necesitar.

Mi mamá y yo miramos en diferentes tiendas. Hay muchos tipos de pelotas. Unas cuestan más que otras. Escojo una que está en rebaja. Le han bajado el precio para que gastemos nuestro dinero en esa tienda.

Ahora creo que he hecho una buena selección. Me divierto jugando fútbol con mis amigos.

¿De qué maneras escoges gastar tu dinero?

Seguir un diagrama

   ¿Te has preguntado alguna vez cómo se hace el dinero? Un **diagrama** es un dibujo que muestra las partes de algo o de cómo se hace una cosa. Este diagrama muestra las partes de una moneda.

el canto

cara

lema de EE.UU.

fecha de acuñación   marca de acuñación

lema en latín (de muchos, uno)

águila

   Mira unas monedas de un centavo, de cinco centavos y de diez centavos. ¿En qué se parecen a una de 25 centavos? ¿Cómo son diferentes?

Este diagrama muestra cómo se acuñan, o se hacen las monedas.

1. Una máquina traza el modelo y lo recorta más chico en un sello de acero.

2. Barras de metal se aplanan en tiras y se cortan en la forma de las monedas.

3. Una prensa de monedas graba los diseños en ambos lados de la moneda.

4. Una máquina cuenta y mete las monedas en bolsas listas para que se las lleven al banco.

Piensa y practica

Diseña tu propia moneda o billete y dibuja un diagrama para mostrar las diferentes partes.

Los

Los

ESTUDIOS SOCIALES

y tú

Biz Kid$

Una tienda en Orlando, Florida, es manejada completamente por niños. Se llama Biz Kid$, chicos de negocios. Todos, desde el que te recibe hasta el de la caja registradora son del quinto grado.

Trabajar en Biz Kid$, chicos de negocios, es parte de una clase de estudios sociales. Los estudiantes de quinto grado aprenden a recibir a las personas, a contar dinero, a vender bienes a los clientes, a usar una caja registradora y a llevarse bien con los otros trabajadores.

132

Los estudiantes dicen que trabajar en Biz Kid$, chicos de negocios, es muy divertido y también aprenden mucho sobre negocios. Algunas de las cosas que venden los de quinto grado son bocadillos, artículos de primeros auxilios y productos de la tierra. Al final del año, los estudiantes de cada clase podrán decidir en qué se van a gastar el dinero que ganaron.

 ## ¿Qué puedes hacer?

- Escribe para averiguar más sobre Biz Kid$, chicos de negocios.
- Empieza un negocio con tu clase y voten para decidir qué hacer con el dinero que ganen.

Cuadros de la historia

Mira los dibujos. Te ayudarán a recordar lo que aprendiste.

Habla sobre las ideas principales

1. Los trabajadores de servicio mantienen sanas y seguras a nuestras comunidades.

2. Los trabajadores en las fábricas hacen muchas cosas que necesitamos.

3. Las personas intercambian bienes y dinero por las cosas que necesitan.

4. Productores y consumidores dependen los unos de los otros.

5. Las personas hacen selecciones de cómo gastar su dinero.

Piensa y dibuja Piensa en un trabajo que te pueda interesar algún día. Haz un dibujo de las máquinas o herramientas que usarías.

Repaso

Usa el vocabulario

¿Qué palabra va en cada cuadro?

consumidor   **fábrica**   **transporte**

productor   **ingreso**   **impuestos**

1 tren, barco, camión avión

2 dinero que alguien gana

3 lugar donde se hacen cosas

4 granjero, panadero, fabricante de colchas

5 comprador y usuario de productos

6 dinero que se paga a la comunidad

Comprueba lo que aprendiste

1. ¿Cómo ayudan los impuestos a la comunidad?

2. ¿Por qué son importantes las fábricas para las personas?

3. ¿Por qué Estados Unidos intercambia bienes con o tros países?

4. Nombra un producto que recibimos de otro país. Di de dónde viene y cómo podría llegar aquí.

5. ¿Qué selecciones deben hacer los consumidores al gastar su dinero?

Piensa críticamente

1. Di cómo un productor puede ser también un consumidor.

2. Haz una predicción de lo que podría pasar si las personas no pagaran impuestos.

Aplica tus destrezas

A. Cómo usar una pictografía

Servicios en la Ciudad Johnson	
Hospitales	🏢 🏢
Estaciones de bomberos	🏢 🏢 🏢 🏢
Estaciones de policía	🏢 🏢 🏢
Bibliotecas	🏢 🏢
Escuelas	🏢 🏢 🏢 🏢 🏢
	Clave 🏢 = 1 servicio

1. ¿Qué servicios provee Ciudad Johnson?
2. ¿Cuántas bibliotecas hay?
3. ¿Hay más estaciones de bomberos o estaciones de policía? ¿Cuántas más?

B. Cómo seguir un diagrama
Haz un dibujo para mostrar lo que haces para sacar un libro de la biblioteca.

Lee más sobre el tema
We Keep a Store de Anne Shelby. Orchard. Todos los miembros de una familia trabajan juntos para manejar una tienda.

Music, Music for Everyone de Vera B. Williams. Greenwillow. Rosa y sus amigos forman un grupo musical que toca en fiestas. ¡Lo mejor de todo es que les pagan!

Cómo ser buenos ciudadanos

VOCABULARIO

gobierno

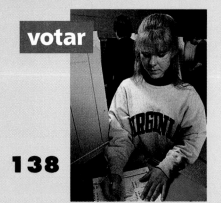
votar

138

juez

alcalde

libertad

139

"América"

por Samuel F. Smith

Mi país amado,
tierra dulce de la libertad,
es a ti a quien canto;

tierra en la que murieron
mis padres,
orgullo de los peregrinos,
espero que en todas partes
siempre exista libertad.

Tu eres mi país natal,
tierra de libertad,
amo mi nacionalidad.

Amo tus piedras y riachuelos,
tus bosques y hermosas colinas;
mi corazón late con vigor,
como el de tu interior.

141

Americanos orgullosos

El Cuatro de julio es el cumpleaños de nuestro país. Nuestra comunidad celebra este día festivo con un desfile. ¿Sabías que Estados Unidos tiene más de 200 años?

También nos gusta honrar a nuestro país durante el año escolar. Decoramos nuestro cuarto con globos. Colgamos una bandera con el lema de nuestro país, *En Dios confiamos.* Un lema es un dicho por el cual las personas tratan de vivir.

E Pluribus Unim es un lema que está grabado en nuestro dinero. Las palabras en latín dicen "de muchos, uno". Somos un país de muchas personas diferentes.

142

Nuestro país tiene muchos símbolos. Mi clase está
haciendo un tablero de anuncios. Mostraremos dibujos
de los símbolos de nuestro país, como la Estatua de la
Libertad y la Casa Blanca. Cao está dibujando
otro símbolo, el águila cabeza
blanca de América del Norte.

La clase de la Srta. Carroll va a tener una obra de teatro. Los niños en la obra están vestidos como las personas de la historia americana. Ellos nos hablan de otros símbolos americanos.

Yo soy Betsy Ross.

Yo cocí la primera bandera americana. Nuestra bandera es roja, blanca y azul. Cada estrella representa a un estado de nuestro país. Las rayas representan los primeros trece estados de Estados Unidos.

Yo soy Francis Scott Key.

Yo escribí el himno nacional de nuestro país. Un himno nacional es una canción especial. El himno nacional de Estados Unidos es sobre la bandera americana. ¿Puedes cantar "*The star-spangled Banner*"?

Mi nombre es George Washington.

Yo fui el primer presidente de Estados Unidos. Puedes ver mi retrato y el Gran Sello de Estados Unidos en un billete de un dólar. El Gran Sello también lo encuentras en papeles importantes.

Yo soy Thomas Jefferson.

En 1776 escribí la Declaración de la Independencia que ayudó a fundar Estados Unidos. Las personas mostraron su amor por el nuevo país tocando la Campana de la Libertad cada Cuatro de julio. En 1835 la Campana de la libertad se partió.

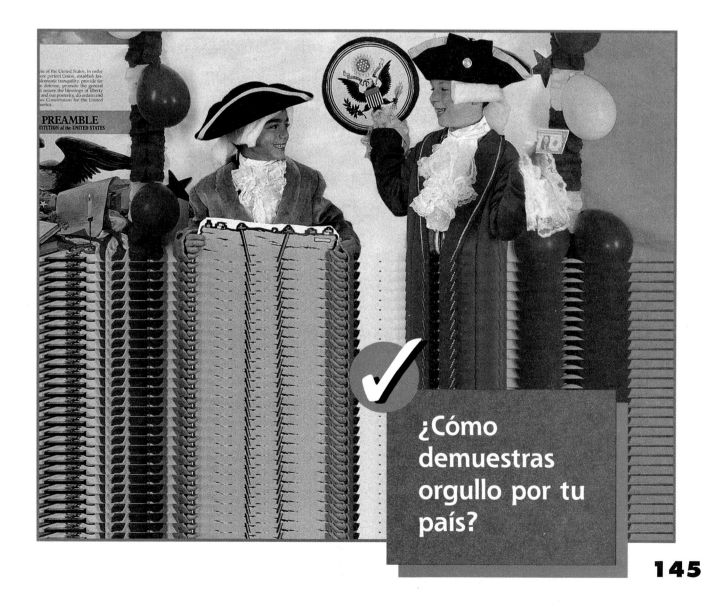

¿Cómo demuestras orgullo por tu país?

145

Elegir votando

Los líderes en nuestro país, como Washington y Jefferson, se eligen en una **elección**. Así es como funciona.

Hoy es día de elecciones en la escuela primaria Lincoln. Cada clase va a elegir a alguien como representante para una junta estudiantil especial. En una elección, las personas **votan** para elegir a la persona que hablará por ellos.

1. Cuando las personas votan, piensan en quién hará el mejor trabajo. ¿Qué alternativas tienen estos niños?

2. Una manera de votar es marcar un papel llamado boleta electoral. Cada persona tiene derecho a un voto. ¿Cómo muestra la niña en el dibujo su elección? ¿Por qué nada más marca el nombre de una persona en la boleta electoral?

3. ¿Cómo decidirán los niños quién va a ganar?

4. Todos los votantes están de acuerdo en aceptar al ganador.

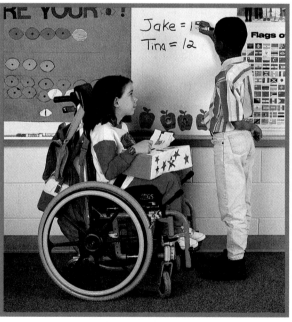

Haz una lista con tus razones para votar por alguien en una elección.

El gobierno de nuestro país

Mi clase está aprendiendo sobre las personas que hacen las leyes y dirigen nuestro país. Este grupo de personas es nuestro **gobierno**.

La Constitución es la ley máxima en nuestro país. Protege a todas las personas de Estados Unidos. La Constitución habla sobre las tres ramas, o partes, de nuestro gobierno. Cada rama tiene su propio trabajo. Estamos haciendo un móvil que muestra las tres ramas de nuestro gobierno.

La oficina del Presidente es una rama de
nuestro gobierno. El Presidente dirige nuestro
país. El Presidente elige personas para ayudar
y dar consejos. Trabajan juntos en la Casa
Blanca. ¿Sabes cómo se llama nuestro
Presidente?

El Congreso es otra rama del gobierno. Los
miembros del Congreso hacen nuevas leyes.
Estos legisladores vienen de comunidades de
todas partes del país. Votan por las leyes que
creen que necesitamos.

La Corte Suprema también es una rama
de nuestro gobierno. Es el tribunal más
importante de Estados Unidos. Los jueces
trabajan en la corte. Los **jueces** nos dicen si
las leyes son justas o si se han roto.

Hay nueve jueces en la Corte Suprema. Se llaman magistrados. Sandra Day O'Connor es la primera mujer magistrado de la Corte Suprema.

El Presidente, el Congreso y la Corte Suprema están en Washington, D.C. Las tres ramas del gobierno trabajan juntas para dirigir nuestro país.

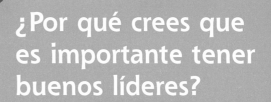

¿Por qué crees que es importante tener buenos líderes?

Encontrar direcciones en un mapa

Nuestro país tiene cincuenta **estados** . El mapa de Estados Unidos en la siguiente página muestra las fronteras entre cada estado. Una **frontera** es la línea alrededor de un estado. Muestra dónde empieza y acaba el estado. Cada estado también tiene una capital para su propio gobierno.

1. Mira la clave del mapa. ¿Qué símbolo representa la capital del estado? Encuentra tu estado en el mapa. ¿Cuál es su capital? ¿Cuál es la capital de nuestro país?

2. Encuentra la rosa de los vientos en la parte inferior central del mapa. Una **rosa de los vientos** nos da las direcciones en el mapa. Las cuatro **direcciones** principales son norte, sur, este y oeste.

3. Señala tu estado en el mapa. Di cuál es el norte, sur, este y oeste de tu estado.

Estados Unidos

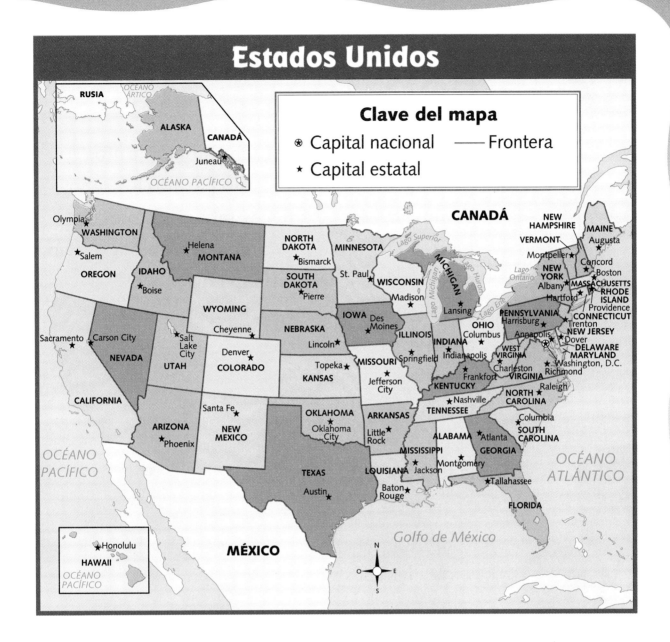

Clave del mapa

⊛ Capital nacional — Frontera
★ Capital estatal

RUSIA
OCÉANO ÁRTICO
ALASKA
CANADÁ
Juneau
OCÉANO PACÍFICO

CANADÁ

Olympia ★
WASHINGTON
★ Salem
OREGON
★ Helena
MONTANA
IDAHO
★ Boise
NORTH DAKOTA
★ Bismarck
MINNESOTA
SOUTH DAKOTA
★ Pierre
St. Paul
WISCONSIN
Madison ★
Lago Superior
MICHIGAN
Lansing ★
Lago Michigan
Lago Huron
Lago Ontario
Lago Erie
NEW HAMPSHIRE
VERMONT
Montpelier ★
MAINE
Augusta ★
Concord ★
NEW YORK
Albany ★
Boston ★
MASSACHUSETTS
RHODE ISLAND
Providence
Hartford
CONNECTICUT

WYOMING
Cheyenne ★
NEBRASKA
Lincoln ★
IOWA
Des Moines ★
ILLINOIS
Springfield ★
INDIANA
Indianapolis ★
OHIO
Columbus ★
PENNSYLVANIA
Harrisburg ★
Trenton ★
NEW JERSEY
Dover ★
DELAWARE
MARYLAND
Annapolis ★

Sacramento ★
Carson City ★
NEVADA
★ Salt Lake City
UTAH
Denver ★
COLORADO
Topeka ★
KANSAS
MISSOURI
Jefferson City ★
KENTUCKY
Frankfort ★
WEST VIRGINIA
Charleston ★
VIRGINIA
Richmond ★
Washington, D.C. ⊛
Raleigh ★
NORTH CAROLINA

CALIFORNIA
ARIZONA
★ Phoenix
Santa Fe ★
NEW MEXICO
OKLAHOMA
Oklahoma City ★
ARKANSAS
Little Rock ★
TENNESSEE
Nashville ★
ALABAMA
Montgomery ★
Atlanta ★
GEORGIA
Columbia ★
SOUTH CAROLINA

OCÉANO PACÍFICO

TEXAS
Austin ★
LOUISIANA
Jackson ★
MISSISSIPPI
Baton Rouge ★
Tallahassee ★
FLORIDA
OCÉANO ATLÁNTICO

★ Honolulu
HAWAII
OCÉANO PACÍFICO

MÉXICO

Golfo de México
N E S O

Piensa y practica

Busca la capital de Indiana. ¿Cuál es la capital del estado al este de Indiana? ¿Cuál es la capital del estado al oeste de Indiana?

El gobierno de la comunidad

Los ciudadanos pueden trabajar juntos para hacer cambios. El año pasado los niños de nuestra escuela necesitaban un nuevo patio de recreo. Queríamos usar un lote vacío cerca de la escuela. El papá de Maya nos ayudó a escribir una carta. Le pedimos a nuestros maestros, papás y vecinos que la firmaran.

La mamá de Noel le dio la carta a la junta escolar. La junta escolar tuvo una reunión. Muchas personas fueron a la reunión a escuchar y hablar. La junta escolar votó para comprar el lote vacío.

Los ciudadanos trabajaron juntos para construir el patio de recreo. El **alcalde** empezó el trabajo. Él es uno de los líderes de la ciudad.

Mi maestra dice que tenemos suerte de vivir en Estados Unidos. Los ciudadanos tienen la **libertad** de hacer que las cosas pasen. Podemos hacer cambios en nuestras escuelas, comunidades, estados y país.

¿Cómo puedes trabajar con tus líderes?

Entender lo que piensan las personas

No todas las personas en el barrio de Maya y Noel querían un patio de recreo en el lote vacío. Lee esta carta a la junta escolar.

Estimados miembros de la junta escolar:

Vivo en el edificio al lado del lote vacío. El lote ha estado en venta durante muchos meses. Sé que lo quieren comprar para hacer un patio de recreo. Creo que es una mala idea. Los niños hacen mucho ruido. Creo que también dejarán basura tirada. Espero que pongan su patio de recreo en otra parte.

Muchas gracias.

Atentamente,

Sr. Gruñón

Sr. Gruñón

A veces las personas tienen firmes opiniones sobre las cosas. Quieren que los demás escuchen sus ideas. A veces dicen hechos o declaraciones verdaderas. A veces dan opiniones. Las opiniones expresan lo que piensan las personas. No todo el mundo tiene las mismas opiniones.

1. Lee la carta del Sr. Gruñón. ¿Sobre qué tiene una firme opinión?

2. ¿Qué hechos da sobre el lote vacío?

3. ¿Cuál es su opinión sobre los niños? ¿Cómo lo sabes?

Piensa y practica

Trabaja con un compañero. Escribe tu propia carta a la junta escolar. Da dos hechos y dos opiniones de por qué crees que se debería construir el patio de recreo en el lote vacío.

Mateo y Mati

por Rebecca C. Jones   ilustrado por Beth Peck

Mateo y Mati eran buenos amigos.

Juntos andaban en bicicleta, y juntos jugaban
al escondite. Vendían limonada juntos. Cuando
no había mucho negocio, jugaban a la rayuela.
Y a veces iban juntos a comer helado.

Y juntos, hasta llegaron a rescatar de un árbol
el gatito de una señora. La señora les regaló unas
monedas para las máquinas de dulces. Y luego
mascaron chicle y recordaron lo valiente que
habían sido.

Pero a veces, Mateo y Mati se cansaban el uno del otro. Un día mientras coloreaban, a Mateo se le rompió el creyón violeta de Mati. Fue sin querer, pero de todos modos lo rompió.

—Rompiste mi creyón —dijo Mati en tono malhumorado.

—El creyón ya estaba viejo —refunfuñó Mateo—. Estaba a punto de romperse.

—No lo estaba —dijo Mati—. Estaba nuevo, y tú lo rompiste. Siempre rompes todo.

—No seas tan molesta —dijo Mateo—. Eres molestosa y apestosa y mala.

—Pues, y tú eres un estúpido —dijo Mati—. Eres estúpido y apestoso y malo.

Mateo subió las escaleras enfadado. Solo. Mati encontró un pedazo de tiza y comenzó a dibujar cuadros y números en la acera. Sola.

Mientras tanto, Mateo sacó su caja y algunas latas para jugar "tienda". Colocó las latas unas encimas de otras y les puso precio a todas. Fue la mejor tienda que jamás había hecho. Probablemente como la molestosa, apestosa y mala de Mati no estaba para dañarlo.

Pero no había ni un cliente que visitara su tienda. Y jugar "tienda" sin un cliente no era muy divertido.

Mati terminó de dibujar los cuadros y los números. Los dibujó con trazos grandes y fuertes. Fue el mejor juego que jamás había dibujado. Probablemente como el estúpido y apestoso y malo de Mateo no estaba para dañarlo.

Pero no tenía con quien jugar. Y jugar a la rayuela sin un compañero no era nada divertido.

Mateo asomó la cabeza por las ventana y se preguntó: «¿Qué hará Mati?» Mati alzó la vista y mirando la ventana de Mateo se preguntó: «¿Qué hará Mateo?»

Mati sonrió, pero sólo un poquito. Para Mateo fue suficiente.

—Lo siento —dijo él.

—Yo también —dijo Mati.

Y Mateo bajó las escaleras corriendo para jugar con Mati.

Juntos, otra vez.

¿Cómo se hicieron amigos otra vez, Mateo y Mati?

¿Quién tiene razón?

• •

Trabaja en grupo.

Habla sobre las diferentes opiniones de los niños.

• ¿Por qué cree cada niño que tiene razón?

• ¿Cómo pueden los niños arreglar su pelea?

¿Qué harías tú?

● ●

Escoge una manera de mostrar tus ideas a la clase.

- Dibuja una caricatura.
- Actúa la manera en que tú resolverías el problema.
- Escribe una historia.

Cuadros de la historia

Mira los dibujos. Te ayudarán a recordar lo que aprendiste.

Habla sobre las ideas principales

1. Los americanos aprecian a su país y su historia.
2. Elegimos personas para ayudarnos a gobernar nuestro país.
3. El gobierno de Estados Unidos tiene tres ramas.
4. Los estados y comunidades también tienen gobiernos.
5. Los buenos ciudadanos saben llevarse bien.

Cuenta un cuento Inventa un cuento sobre un viaje a la capital de nuestro país o a la capital de tu estado. Di qué viste y a quién conociste ahí.

Juro lealtad a la bandera de Estados Unidos de América y a la república que representa, una nación bajo la protección de Dios, indivisible, con libertad y justicia para todos.

Repaso

Usa el vocabulario

Usa la palabra en el cuadro cuando contestes las preguntas.

1. ¿Es el **alcalde** el líder de una ciudad, de un estado o de un país?

2. ¿Dónde trabaja un **juez**?

3. ¿Cuántas veces puede **votar** una persona en una elección?

4. ¿Cuántas ramas tiene el **gobierno** de nuestro país?

5. ¿Cuál es una **libertad** que tienen los americanos?

Comprueba lo que aprendiste

1. ¿De qué manera honran los americanos a su país?

2. ¿Qué es la Constitución?

3. ¿De qué manera nos ayuda nuestro gobierno?

4. ¿Quién decide si nuestras leyes son justas?

5. ¿Cómo ayudan las personas a su gobierno?

Piensa críticamente

1. ¿Por qué crees que el águila cabeza blanca es un buen símbolo para nuestro país?

2. ¿Quiénes son algunas de las personas que ayudan a gobernar nuestra comunidad?

3. ¿Cuáles son algunas de las cosas que hacen los buenos ciudadanos?

Aplica tus destrezas

A. Cómo encontrar direcciones en un mapa

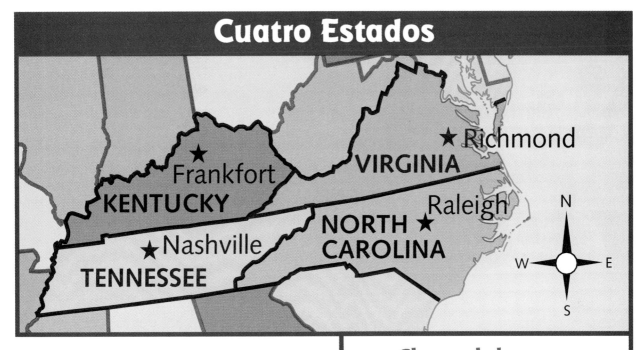

Cuatro Estados

Frankfort
KENTUCKY
★Richmond
VIRGINIA
Raleigh
NORTH CAROLINA ★
Nashville ★
TENNESSEE

N
W — E
S

1. Nombra dos estados que compartan una frontera.
2. ¿Cuál es la capital de Tennessee?
3. ¿En qué dirección viajarías para ir de Richmond a Frankfort?

B. Cómo entender lo que piensan las personas

1. Nombra algo de lo que tengas una firme opinión.
2. Describe un hecho y una opinión de lo que nombraste.

Clave del mapa

—— Frontera
★ Capital del estado

Lee más sobre el tema

In 1776 de Jean Marzollo. Scholastic. Este libro habla sobre cómo se creó nuestro país y sus costumbres americanas.

Billy the Great de Rosa Guy. Delacorte. Dos familias encuentran la manera de resolver sus problemas y ser buenos vecinos.

Nuestros vecinos cerca y lejos

VOCABULARIO

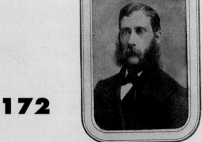

antepasado

costumbre

artefacto

172

independencia

comunicación

173

"Orgullo"

por Alma Flor Ada

Orgullosa de mi familia
orgullosa de mi idioma
orgullosa de mi cultura
orgullosa de mi raza
orgullosa de ser quien soy.

175

La gente en el mundo

Muchas personas vienen de otros países a vivir a Estados Unidos. Acompaña a estos niños mientras conocen un amigo nuevo. Mira lo que aprenden el uno del otro.

Hoy tenemos un visitante especial en nuestro salón de clases. Se llama Antonio. Es de Italia. Antonio trajo fotos de su familia y su escuela. Le gusta leer libros como a nosotros. Sus libros están escritos en italiano. Antonio está aprendiendo a hablar inglés. A Antonio le gustaría tocar su violín para nosotros. Dice que la música es un lenguaje que todos podemos entender.

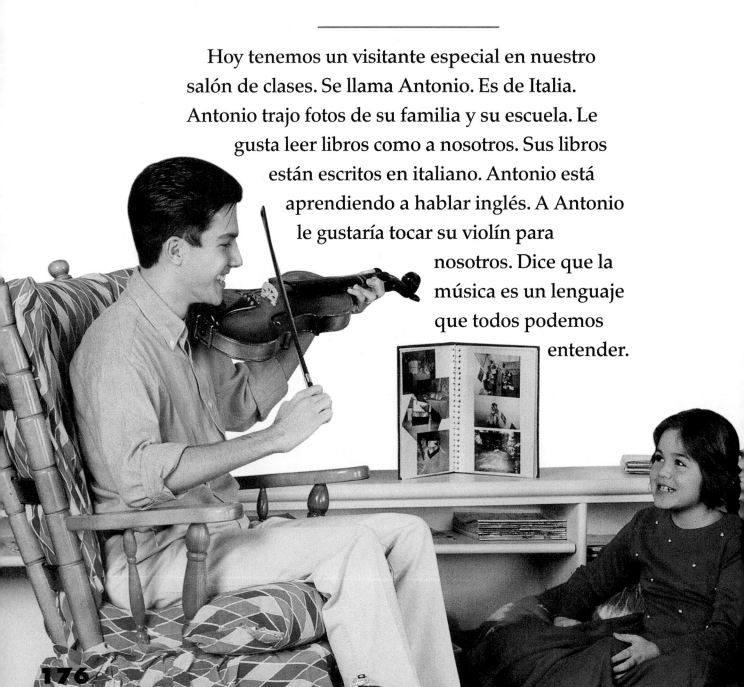

Antonio es primo de Tina. Los antepasados de Tina vienen de Italia. Los **antepasados** son personas de nuestra familia que vivieron antes que nosotros. Los antepasados de muchos americanos vinieron de otros países. Algunos de ellos llegaron aquí hace cientos de años. Otros han estado aquí poco tiempo.

Los antepasados de Chad vinieron de África hace mucho. La familia de Emily vino a América de Polonia cuando ella era bebé. Cam Linh y su familia acaban de llegar de Vietnam.

Nuestra clase está haciendo una colcha de parches. Cada uno de nosotros ha hecho un parche que habla de nuestras familias. El mío muestra a mi abuelita, a mi y a mi bicicleta. Mi abuelita es de Irlanda, así que dibujé un trébol en mi parche. Bobby es de Canadá. En su parche dibujó una hoja de arce, igual a la de la bandera canadiense. El parche de Carla tiene unas zapatillas de ballet y un diseño de los indios Hopi. Sus antepasados fueron algunos de los primeros americanos.

Nuestra maestra dice que Estados Unidos es como una gran colcha de parches. Cada parche es diferente, pero unidos las piezas son fuertes y hermosas.

Nuestra colcha de parches nos ayuda a saber más sobre cada uno de nosotros. Eso hace más fácil que seamos amigos.

¿Por qué es importante aprender sobre otras personas?

DESTREZAS
Cómo

Usar una gráfica de barras

Nuestra colcha de parches habla sobre nuestros antepasados. También hicimos una gráfica de barras para mostrar de qué partes del mundo venían. Una **gráfica de barras** es un tipo de dibujo que muestra el número de cosas.

1. Mira la gráfica de barras. ¿Cómo listaron los niños a sus antepasados?

2. Encuentra a África en la gráfica. ¿De qué color es la barra? ¿Hasta qué número llega la barra? ¿Cuántos niños tienen antepasados de África?

3. Cuatro niños tienen antepasados del mismo continente. ¿Qué continente es?

4. Compara las barras. ¿De qué continente viene la mayoría de los antepasados? ¿De qué continente viene la menor cantidad?

Nuestros antepasados

	0	1	2	3	4	5	6	7
África								
Asia								
América del Norte								
América del Sur								
Europa								
Australia								
No se sabe								

Piensa y practica

Trabaja con tus compañeros para hacer una gráfica de barras. Hagan una lista de comida de diferentes países. Luego usen las barras para mostrar la cantidad de niños a los que les gusta cada comida.

Celebraciones de la comunidad

Año nuevo chino

En algunas comunidades, las familias celebran días festivos especiales. Puede ser que usen trajes de colores y que hagan platillos sabrosos. Puede ser que bailen y canten canciones que les enseñaron sus antepasados. Nuestra clase hizo un álbum de recortes de algunas celebraciones especiales.

Por varios días durante el año nuevo chino, todo el mundo se desea "Gung Hay Fat Choy" o "Feliz año nuevo". Se pueden ver decoraciones color rojo brillante por todas partes. Las personas comen rollos primavera y pato relleno de arroz. Estas son costumbres antiguas chinas. Una **costumbre** es la manera en que las personas generalmente hacen las cosas. Otra de las costumbres favoritas es llevar linternas de papel por las calles detrás del dragón danzante.

182

Cinco de mayo

El 5 de mayo, los mexicanos americanos ven un desfile con jinetes montando hermosos caballos. El olor a tortilla, burritos y tamales está por todos lados. Esto es el cinco de mayo. Es una fiesta, o banquete, que nos recuerda a la libertad por la que pelearon los mexicanos hace mucho.

A todo el mundo le encanta bailar y cantar al son de las guitarras y las trompetas. Los niños se divierten tratando de romper las piñatas. Las piñatas están rellenas de frutas, dulces y juguetes.

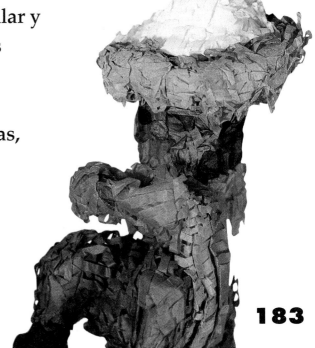

183

Kwanzaa

A finales de diciembre, muchas familias Afroamericanas celebran el Kwanzaa. Celebran durante siete días. Cada día, se prende una vela en honor de cada una de las siete ideas principales. El primer día es Umoja, que quiere decir unidad.

Kuumba es el sexto día. Las personas usan ropa colorida africana, cuentan viejos cuentos y bailan al ritmo de los tambores africanos.

El último día es el Karamu o banquete. Sirven platillos de frijol negro, jamón, ensalada de manzana, pan de maíz, pastel de camote o batata y otras cosas deliciosas. Pero primero, la familia y los amigos piensan en todas las cosas que han compartido durante la semana.

184

Banquete de
la Epifanía

Durante casi 100 años, los griegos de Tarpon Springs, Florida, han celebrado el Banquete de la Epifanía. El 6 de enero es un día festivo religioso importante para ellos. Las familias desfilan de la iglesia a Spring Bayou para la bendición del agua. Tiran una cruz al agua y los jóvenes bucean para encontrarla. El que la encuentra gana honor.

Después hay un glendi, o festival, con baile y música y muchos mariscos para comer. Miles de visitantes van a Tarpon Springs cada año para celebrar este emocionante festival griego.

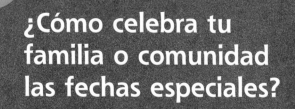

¿Cómo celebra tu familia o comunidad las fechas especiales?

DESTREZAS
Cómo

Aprender de los artefactos

Las celebraciones son una parte importante de la vida de los nativos americanos. Los objetos en las fotos fueron hechos para que se usaran en celebraciones especiales. Los objetos hechos por el hombre se llaman **artefactos**. Los artefactos nos ayudan a aprender sobre la vida de las personas que los hicieron.

1. Mira los artefactos y lee sobre ellos. Describe cada artefacto. ¿Cómo crees que se usa cada uno?

2. ¿Qué materiales usan los indígenas para hacer los objetos?

3. ¿Qué puedes saber sobre los Hopis al ver la muñeca kachina?

4. ¿Qué puedes decir sobre los indios Plains de sus artefactos?

Los indios Hopi usan las muñecas kachina talladas de madera para honrar a sus antepasados.

Los indios Plains usan sonajas hechas de calabacines para celebrar la buena cosecha.

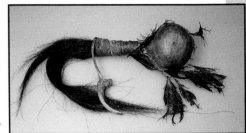

Los Navajos creen que las pinturas de arena los ayudan en sus ceremonias curativas.

Algunos indígenas de la costa noroeste honran a sus antepasados con palos de tótem tallados de madera.

Las cáscaras del maíz las usan los Iroqueses en celebraciones especiales.

Piensa y practica Haz un dibujo de un artefacto que le diga algo de ti a otra persona.

Uno para todos y todos para uno

Las personas alrededor del mundo tienen las mismas necesidades. Comparten los mismos sentimientos de lo que hace la vida buena. Las personas en todas partes piensan en cómo mantenerse protegidos y sanos y cómo llevarse con los demás.

Algunos niños en otros países hicieron unos carteles para mostrar cómo mantener nuestro mundo como un buen lugar para vivir. ¿En qué se parecen sus ideas a las tuyas?

Usa la tierra conforme la vayas necesitando.

Henrik Kaurin
8 años
Suecia

La paz es buena porque no se destruyen casas.

Mirna Hamady

8 años

Abu Dhabi

Emiratos Árabes
Unidos

Nosotros tenemos que mantener el agua limpia.

Daniel Vargas

7 años

Costa Rica

189

Kevin Loggins
7 años
Alemania,
Estados Unidos

La paz está en casa de mi amiga.
Me deja cargar a su conejo
y yo le digo muchas gracias.
La amistad hace la paz.

Natalie Madi
6 años y medio
Lebanón,
República Checa

La paz empieza conmigo cuando juego bien.

Vuelve a usar o recicla

Los niños hicieron estos carteles para comunicar sus sentimientos. La **comunicación** es compartir las ideas. Cuando las personas llegan a conocerse, pueden trabajar unidos para resolver problemas.

John Oh
7 años
Corea del Sur

¿Cuáles son algunas formas en que las personas se pueden comunicar unas con otras?

Cómo

Actuar por tu cuenta

Muchos niños están interesados en ayudar a sus comunidades. Cuando Kristina Swartwout tenía nueve años, notó que había un problema en su ciudad de Ashland, Oregon. Los coches no se paraban para que los niños cruzaran las calles. Kristina escribió una carta al periódico de Ashland, Oregon. El alcalde leyó la carta e hizo miembro de la Comisión de Seguridad de Tráfico a Kristina.

Actuar por tu cuenta es mostrar **independencia**. El acto independiente de Kristina ayudó a hacer de su comunidad un lugar más seguro para todos.

192

Kristina siguió estos pasos:

1. Nombra el problema. ➡️ Los niños no pueden cruzar con seguridad.

2. Decide lo que quieres hacer. ➡️ Haz que las personas se enteren del problema.

3. Piensa en lo que puedes hacer por tu cuenta para resolver el problema. ➡️ Escribe una carta al editor o haz un cartel.

4. Piensa en lo que puede pasar. ➡️ Muchas personas podrán leer la carta. Menos personas podrán ver el cartel.

5. Escoge la mejor manera de resolver el problema. ➡️ Escribe una carta al editor.

Piensa y practica

Piensa en un problema y escribe un plan para resolverlo.

Samantha Smith:
Una joven por la paz

A veces escribir una carta puede traer resultados increíbles. Eso fue lo que descubrió Samantha Smith a los diez años en 1982. Samantha estaba preocupada de que Estados Unidos y la Unión Soviética tuvieran una guerra. Decidió hacer algo al respecto.

Samantha le escribió a Yuri Andropov, el líder de la Unión Soviética. Samantha le preguntó al Sr. Andropov lo que pensaba de la guerra.

Para sorpresa de Samantha, el Sr. Andropov le contestó su carta. Le dijo a Samantha que las personas de su país querían paz igual que las personas de Estados Unidos. El Sr. Andropov invitó a Samantha a visitar su país.

Ese verano, Samantha fue a la Unión Soviética. A todos los lugares donde iba, las personas le daban la bienvenida. Hizo nuevos amigos en un campamento de verano para niños.

La antigua Unión Soviética ya no existe. Pero aún hoy en día, las personas de Rusia recuerdan a Samantha y las amistades que empezó. Una estatua en su ciudad de Maine le recuerda a todo el mundo lo que puede hacer una persona para juntar a la gente alrededor del mundo.

¿Qué puedes hacer?

- Escribe a tu senador o representante o a un líder mundial sobre tus preocupaciones.
- Consigue un amigo de otro país. Hazte un amigo por correspondencia.

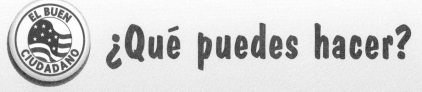

UNIDAD 6

Cuadros de la historia

Mira los dibujos. Te ayudarán a recordar lo que aprendiste.

Habla sobre la idea principal

1. Personas de muchos países diferentes viven en Estados Unidos.
2. Las personas y comunidades celebran costumbres especiales.
3. A las personas de todas partes les interesa la paz, la cooperación y un mundo sano.

Haz títeres Con un palo haz un títere de alguien de otro país. Trabaja con un compañero y usen sus títeres para decir por qué las personas se deben llevar bien.

196

Repaso

Usa el vocabulario

Da otro ejemplo que ayude a explicar cada palabra.

Palabra	Ejemplos	
1. costumbre	desfile del cuatro de julio	
2. independencia	hacer tu comida	
3. artefacto	una olla vieja para cocinar	
4. antepasado	bisabuela	
5. comunicación	escribir una carta	

Comprueba lo que aprendiste

1. Los antepasados de los ciudadanos americanos vinieron de diferentes países. Nombra tres de estos países.

2. ¿Qué podemos aprender sobre las personas de sus días festivos?

3. ¿Por qué las personas en todas partes necesitan comunicarse?

4. ¿Cuál es una manera de hacer una diferencia en tu comunidad?

Piensa críticamente

1. ¿En qué se parece América a una gran colcha de parches? ¿Cómo hace esto fuerte a América?

2. ¿Por qué los países deben trabajar juntos para proteger a nuestro planeta?

Aplica tus destrezas

A. Cómo usar una gráfica de barras

La gráfica de barras muestra algunos lugares que los niños quisieran visitar.

Las vacaciones que nos gustarían							
Parque de animales africanos							
Castillos europeos							
Selva tropical en Sudamérica							
Rancho de canguros australiano							

0   1   2   3   4   5   6   7

1. ¿Qué opciones tenían los niños?
2. ¿Cuál fue el lugar que escogió la mayoría de los niños?
3. ¿Cuál fue el lugar que menos escogieron?

B. Cómo aprender de artefactos

¿Qué podrías aprender al ver esta punta de flecha?

Lee más sobre el tema

Family Pictures por Carmen Lomas Garza. Children's Book Press. Un artista dibuja y escribe sobre las costumbres de una familia.

The Wonderful Towers of Watts por Patricia Zelver. Tambourine. Ésta es la historia de cómo un hombre ayudó a embellecer a su barrio.

GLOSARIO

A

alcalde

Uno de los líderes más importantes de la ciudad. El **alcalde** se reune con los legisladores de nuestra comunidad. (página 155)

antepasado

Alguien en una familia que vivió hace mucho tiempo. Mi **antepasado** llegó a América de Inglaterra. (página 177)

artefacto

Algo que las personas hacen y usan. Esta vasija es un **artefacto** indígena. (página 186)

B

barrio

Un área chica de una comunidad. Nuestro **barrio** tiene un mercado de frutas y verduras. (página 8)

bienes

Las cosas que hacen o siembran las personas. Las personas que juegan fútbol compran estos **bienes.** (página 16)

C

capital

Una ciudad en donde los líderes del gobierno se reúnen y trabajan. Washington, D.C., es la **capital** de Estados Unidos. (página 90)

ciudad

Una gran comunidad donde las personas viven y trabajan. La ciudad de New York es la **ciudad** más grande de Estados Unidos. (página 14)

ciudadano

Miembro de una comunidad. Pedro es **ciudadano** de Estados Unidos. (página 22)

clave del mapa

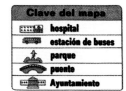

Una lista de símbolos en un mapa. La **clave del mapa** dice lo que representa el símbolo en el mapa. (página 18)

colonizador

Una persona que forma un hogar en un lugar nuevo. **Colonizadores** de muchos países construyeron hogares en el oeste. (página 78)

comunicación

Compartir ideas con otros. Muchas personas usan el teléfono como medio de **comunicación.** (página 191)

comunidad

Un lugar donde viven las personas y las personas que viven ahí. La **comunidad** en la que vivo es una ciudad grande. (página 11)

Congreso

Los legisladores de nuestro país. El **Congreso** de Estados Unidos se reúne en el edificio del Capitolio. (página 91)

conservación

Trabajar para salvar o hacer que duren los recursos naturales. Los guardabosques nos enseñan a **conservar** los árboles. (página 64)

consumidor

Una persona que compra y usa bienes y servicios. Este **consumidor** está comprando comida para un picnic. (página 125)

continente

Uno de las extensiones de terreno más grandes en la Tierra. Vivimos en el **continente** de América del Norte. (página 44)

cosecha

Plantas que siembran las personas para comida u otros usos. El maíz es una **cosecha** importante en Estados Unidos. (página 47)

costumbre

Una manera de hacer algo. Comer con palillos es una **costumbre** de muchos países asiáticos. (página 182)

cuadrícula

Líneas que se cruzan para formar cuadros. Las **cuadrículas** te pueden ayudar a encontrar lugares en un mapa. (página 94)

D

deseos

Cosas que las personas quisieran tener. Mi familia **desea** tener un coche nuevo. (página 126)

desierto

Un lugar árido. Cae muy poca lluvia en un **desierto.** (página 35)

día festivo

Tiempo para celebrar. El Cuatro de julio es un **día festivo** en Estados Unidos. (página 142)

diagrama

Un dibujo que muestra las partes de algo. El **diagrama** muestra las partes de un billete de cinco dólares. (página 130)

dirección

Norte, sur, este, oeste. El letrero nos dice qué **dirección** tomar. (página 152)

E

ecuador

Una línea en un mapa que está entre el Polo Norte y el Polo Sur. Es un lugar caluroso y lluvioso. (página 45)

elección

El momento en que las personas votan. La **elección** para Presidente es en noviembre. (página 146)

estado

Una parte de un país. Estados Unidos tiene cincuenta **estados.** (página 152)

F

fábrica

Un lugar dónde se hacen cosas. Esta **fábrica** hace zapatos. (página 114)

formas terrestres

Un tipo de tierra. Las montañas, colinas y llanos son **formaciones terrestres**. (página 34)

frontera

Una línea que muestra dónde termina un estado y dónde empieza otro. La línea roja muestra la **frontera** entre Indiana y Ohio. (página 152)

G

geografía

El estudio de la Tierra y sus habitantes. Algunos mapas muestran la **geografía** de un lugar. (página 32)

globo terráqueo

Un modelo de la Tierra. Tenemos un gran **globo terráqueo** en nuestro salón de clases. (página 44)

gobierno

Un grupo de personas que hacen las leyes para una comunidad o país. En el **gobierno** de Estados Unidos hay personas de cada estado. (página 148)

gráfica de barras

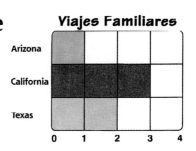

Un dibujo que muestra cantidades. Esta **gráfica de barras** muestra cuántos estados visitó una familia. (página 180)

grupo

Un número de personas que hacen algo juntos. Este **grupo** está tocando música. (página 4)

H

historia

El relato de lo que ha pasado en un lugar. Este libro con dibujos es sobre la **historia** de nuestro país. (página 78)

I

impuestos

Dinero que las personas le pagan a su gobierno. Los **impuestos** de este señor pagarán por los servicios de la comunidad. (página 110)

independencia

La libertad que tienen las personas para elegir su propio gobierno y hacer sus propias leyes. El Cuatro de julio celebramos la **independencia** de nuestro país. (página 192)

ingreso

El dinero que gana una persona por el trabajo que hace. Estoy ahorrando parte de mi **ingreso** para comprar una computadora. (página 126)

intercambiar

Dar dinero, bienes o servicios a cambio de algo más. Mari quiere **intercambiar** su libro por un juego de Nancy. (página 120)

invento

Algo que se ha hecho por primera vez. El primer foco fue un **invento** importante. (página 96)

isla

Hawaii

Tierra que está rodeada por agua. El estado de Hawai está compuesto por muchas **islas.** (página 36)

J

juez

Alguien que trabaja como líder en la corte. El **juez** decidió que la Sra. Page había roto la ley. (página 150)

L

lago

Una extensión de agua rodeada de tierra. Las personas de los alrededores del **lago** lo usan para pescar. (página 37)

legislador

Un líder que hace leyes. Muchos **legisladores** trabajan en nuestra capital. (página 91)

lema

Una palabra o un dicho que expresa un sentimiento o una idea. El **lema** de nuestro país es "En Dios confiamos". (página 142)

ley

Una regla que todos deben seguir. La **ley** dice que todos los coches deben parar en un alto. (página 15)

libertad

El derecho de las personas para tomar sus propias decisiones. Los americanos tienen **libertad** para creer en lo que ellos quieran. (página 155)

líder

La persona que ayuda a un grupo a planear qué hacer. Un director es el **líder** de una escuela. (página 6)

línea de tiempo

Una línea que muestra cuándo pasan las cosas. Esta **línea de tiempo** muestra cuándo se fue Fred de viaje. (página 82)

llano

Tierra que es casi plana. Nuestra granja está en un **llano.** (página 35)

M

mapa

Un dibujo que muestra donde están los lugares. Podemos encontrar la biblioteca en el **mapa.** (página 13)

montaña

El tipo de tierra más alto. Hay nieve en estas **montañas.** (página 34)

monumento

Algo que se construye en honor a alguien o algo. Este **monumento** es en honor a George Washington. (página 92)

monumento histórico

Un objeto conocido en un lugar. El Álamo es un **monumento histórico** de Texas. (página 84)

N

necesidades

Cosas sin las que no pueden vivir las personas. Comida, ropa y un lugar donde vivir son **necesidades.** (página 9)

O

océano

Una extensión muy grande de agua salada. El **océano** Pacífico está al oeste de Estados Unidos y el océano Atlántico está al este. (página 36)

P

país

Una tierra y las personas que viven en esa tierra. Estados Unidos es uno de los tres **países** en América del Norte. (página 22)

pictografía

Un dibujo que usa símbolos para mostrar cantidades de cosas. Esta **pictografía** muestra cómo los niños de una clase llegan a la escuela. (página 112)

predicción

Algo que dice una persona que va a pasar. La **predicción** de Tom es que va a llover. (página 119)

Presidente

El líder de Estados Unidos. George Washington fue el primer **Presidente** de nuestro país. (página 90)

Productor

Una persona que hace o planta algo. Los trabajadores de una fábrica o granja son **productores.** (página 124)

R

recurso natural

Algo que viene de la Tierra que usan las personas. La madera es un **recurso natural** importante. (página 51)

regla

Algo que debes hacer o no hacer. Una buena **regla** para la casa y la escuela es "guarda las cosas después de usarlas". (página 6)

río

Una extensión de agua larga que corre por la tierra. El río Mississippi es el **río** más largo en Estados Unidos. (página 37)

rosa de los vientos

Flechas en un mapa que muestran direcciones. La **rosa de los vientos** muestra en qué dirección está el norte, sur, este y oeste. (página 152)

ruta

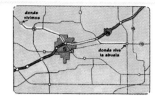

Una manera de llegar de un lugar a otro. El mapa muestra la **ruta** para llegar a la casa de la abuela. (página 94)

S

servicios

Trabajos que hacen personas para ayudar a los demás. Los bomberos, policías y maestros dan **servicios.** (página 17)

símbolo

Un dibujo que representa algo real. Un cuadro es el **símbolo** para una tienda en este mapa. (página 18)

suburbio

Una comunidad cerca de una ciudad. Vivimos en un **suburbio** de Chicago. (página 33)

T

tabla

Una lista de cosas en grupo. Esta **tabla** muestra a mis mejores amigos. (página 62)

transporte

Cualquier manera de mover a personas o cosas de un lugar a otro. Los aviones son un medio de **transporte.** (página 120)

V

valle

La tierra más baja entre colinas o montañas. Un río pequeño fluye por el **valle.** (página 34)

votar

Una elección que se cuenta. La persona que obtiene el mayor número de **votos** gana. (página 146)

INDEX

Photo Credits:
Key: (t) top; (b) bottom; (l) left; (r) right

Table of Contents
Harcourt Brace and Company: iii Rich Franco; vi Terry Sinclair; vii Rich Franco; viii Rich Franco.
Other: iv John Elk/Tony Stone/World Wide; v Superstock.

Unit 1
Harcourt Brace and Company: A8 (bc) Julie Fletcher; 1 (bl) Terry Sinclair; 2, 3 (inset) ; 4, 5 (t) Rich Franco; 5 (c) Terry Sinclair; 5 (b), 6 (b), 7 (t), (b) Rich Franco; 8, 9, 10 (tl), (bl), (br), (inset), 11 (br), (inset) Terry Sinclair; 14 (c), 15 (c), 16 (c), 17 (c) Victoria Bowen; 14 (tl) Richard Haynes; 15 (inset); 16 (bl), 17 (tr), (b),Richard Haynes; 22 (b), 23 (t) Victoria Bowen; 23 (bl) Terry Sinclair.

Other: A8, 1 (t) Kindra Clineff/Picture Cube, The; A8 (bl) Bob Daemmrich/Stock, Boston; A8 (br) Telegraph Colour Library/FPG International; 1 (bc) Gabe Palmer/Stock Market, The; 1 (br) John Scheiber/Stock Market, The; 10 (cl) Richard Slocaton/Stockhouse, Inc., The; 11 (tl) Don Smetzer/Tony Stone Images; 11 (tr) David Young-Wolff/PhotoEdit; 11 (cr) Superstock; 12 (c) Alex S. MacLean; 14 (bl) Superstock; 14 (br) Superstock; 15 (tl) Superstock; 15 (tr) Michael Newman/PhotoEdit; 15 (br) Superstock; 16 (tl) Owen Franken/Stock, Boston; 22 (tl) Andy Sacks/Tony Stone Images; 22 (c) Lawrence Migdale/Stock, Boston; 23 (tl) C. Frank Crzus/FPG; 23 (tcl) Steven Peters/Tony Stone Images; 23 (tcr) Paul Conklin/PhotoEdit; 23 (tr) Prettyman M/R/PhotoEdit; 23 (cl) Robert Brenner/PhotoEdit; 23 (c) Dennis MacDonald/PhotoEdit; 23 (cr) Bob Daemmrich Photography, Inc.; 23 (br) Wayne Hoy/Picture Cube, The.

Unit 2
Harcourt Brace and Company: 29 (bl); 31 (br) Rich Franco; 44 (c); 49 (b) Jerry White; 64 (tr).
Other: 28, 29 (t) Mark Segal/Tony Stone/World Wide; 28 (bc) Pete Saloutos/Stock Market, The; 28 (br) Sterling FX/The Image Bank; 29 (bc) Rich Iwasaki/Tony Stone Images; 32 (bl) Peter Cortez/Tony Stone images; 32 (cr) John Elk/Tony Stone/World Wide; 33 (t) David R. Frazier; 33 (b) Richard Pasley/Stock, Boston; 34 (t) Ed Cooper Photo; 35 (t) Craig Aurness/Westlight; 35 (b) J. Randklev/Allstock; 36 (t) George Hunter/Tony Stone/World Wide; 36 (b) Simeone Huber/Tony Stone Images; 37 (t) Grant Heilman/ Grant Heilman Photography; 37 (b) Holt Confer/ Grant Heilman; 40 (tl) Keith Wood/Tony Stone Images; 40 (cl) Art Wolfe/Allstock; 40 (bl) Fredrick McKinney/FPG; 40 (br) Tony Stone Images/Raymond Barnes; 41 (tr) Suzanne Murphy-Larronde/FPG International; 41 (cr) Tony Stone Images/Doug Armand; 41 (br) Tony Stone Images/Richard Bradbury; 41 (bl) Farrell Grehan/FPG International; 42 (bg) Jan Butchofky-Houser/David G. Houser; 42 (tl) Lawrence Migdale/PIX; 42 (tr) Chris Corrie/Sante Fe Convention and Visitors Bureau; 42 (c) Buddy Mays/International Stock; 42 (b) Lawrence Migdale/PIX; 43 (tr) Lawrence Migdale; 43 (bl) Lawrence Migdale; 46, 47 (bg) E. Streichan/Superstock; 46 (cl) FPG International; 46 (cr) FPG International; 46 (b) FPG International; 48 (t) Chuck Pefley/Allstock; 48 (b) Andy Sacks/Tony Stone Images; 49 (tr) Visual Horizons/FPG Interntional; 64 (b) Lawrence Migdale/PIX; 65 (tr) Lawrence Migdale/PIX; 65 (cr) Phil Degginger/Bruce Coleman, Inc.; 65 (bl) Lawrence Migdale/PIX; 66 (tr) Tony Stone Images/Lawrence Migdale; 66 (cr) John Shaw/Bruce Coleman, Inc.; 66 (bl) Lawrence Migdale/PIX; 67 (l) Bob Firth/ International Stock; 68, 69 Courtesy of Tree Musketeers; 73 (t) John Shaw/Bruce Coleman, Inc.; 73 (tc) Murial Orans; 73 (c) Jose Carrillo/PhotoEdit; 73 (bc) Norman Tomalin/Bruce Coleman, Inc.; 73 (b) Joy Spurr/Bruce Coleman, Inc.

Unit 3
Harcourt Brace and Company: 76 (br) Terry Sinclair; 90 (bl) Terry Sinclair; 96 (b) National Park Service Edison National Historic Site.

Other: 74, 75 (t) Paul Conklin/PhotoEdit; 74 (bl) Ted Hooper/Folio; 74 (br) DC Productions/Image Bank, The; 75 (bl) Everett C. Johnson/Folio; 75 (br) Michael Freeman; 76 (bl) Picture Network International; 78 (tl) David Houser; 78 (b) Michael Philip Manheim/International Stock Photography; 79 (t) Phyllis Picardi/International Stock; The; 79 (cl) Phyllis Picardi/International Stock; 79 (cr) Ned Haines/Photo Researchers; 79 (br) Claudia Parks/Stock Market, 80 (t) Photri; 80 (bl) Lou Jones/Image Bank; The; 80 (br) Dave G. Houser; 81 (c) Mary Ann Hemphill/Photo Researchers; 84 (cl) Bill Stanton/International Stock Photo; 84 (b) Photri; 85 (t) James P Rowan/Tony Stone Worldwide; 85 (br) David R. Frazier Photolibrary; 86 (t) Dave G. Houser; 86 (br) David R. Frazier Photolibrary; 87 (b) Richard Stockton/Stockhouse, The; 88 (bl) The Institute of Texan Cultures, The San Antonio Light Collection; 88 (bc) The Institute of Texan Cultures, San Antonio, Texas. Courtesy of Capt. T.K.Treadwell.; 88 (cr) Charles B. Turril Collection/The Center for American History,The University of Texas at Austin; 89 (c) Bettmann Archive, The; 90 (b) Tony Stone Worldwide; 91 (tl) Doug Armand/Tony Stone Images; 91 (tr) T. Zavier/Washington Stock Photo Inc.; 92 (tl) Superstock; 92 (tc) C.P. Gridley/FPG International; 92 (br) Superstock; 93 (c) Maxwell Mackenzie/Tony Stone Images; 93 (b) Jack Novak/Photri; 96 (t) National Portrait Gallery, Smithsonian Institute/Art Resource,NY; 97 (tr) Archive Photos; 97 (b) Richard Hutchings/PhotoEdit; 98 (tl) National Portrait Gallery, Washington,DC/Art Resource,NY; 98 (br) Superstock; 99 (tr) New York Public Library; 100 (tl) Bob Burch/Stockhouse, Inc., The; 100 (tc) Ed Bock/Stockhouse, Inc., The; 100 (tr) A. Guidry; 101 (tl) H. Abernathy/H. Armstrong Roberts, Inc.; 101 (tc) Two of Diamonds/Stockhouse, Inc., The; 101 (tr) Jim Armstrong/Omni-Photo Communications, Inc.

Unit 4
Harcourt Brace and Company: 106, 107 (t) Terry Sinclair; 106 (bl) Rich Franco; 107 (br) Rich Franco; 109 (inset) Rich Franco; 110 (bl) Terry D. Sinclair; 114 (tr) Earl Kogler; 114 (b), 115 (b), 116 (b), 117 (b) Victoria Bowen; 117 (bg) Terry Sinclair; 119 (t) Rich Franco; 120 (bg), 121(bg), 122(bg), 123 (bg) Victoria Bowen; 121 (tr); 121 (c inset); 122 (bl); 124 (b), 125 (t) Terry Sinclair; 126 (c), 127 (bl) Rich Franco; 128 (tl) Earl Kogler; 128 (tr) Rob Downey; 128 (bl) Rich Franco; 128 (br) Eric Camde 129 (tl), (b) Rich Franco.